民俗文化论

葭沚民俗事象解读

文海 著

上海社会科学院出版社
SHANGHAI ACADEMY OF SOCIAL SCIENCES PRESS

前　言

《民俗文化论——葭沚民俗事象解读》是《流变的民俗——葭沚民俗考》（上海社会科学院出版社2011年8月版）的姊妹篇，《流变的民俗——葭沚民俗考》从民间信仰、佛教信仰、道教信仰三方面侧重考证了葭沚民俗源流。葭沚民众对生活中的民俗事象，往往只知其然，而不知其所以然。这本小册子的任务就是从文化的视野对葭沚民俗事象加以解读，这对于提高民俗活动的自觉性，减少民俗活动的盲目性；对于认识移风易俗中的取其文化精华、去其迷信糟粕都有积极意义。

这本小册子分为民俗事象溯源、民俗事象回忆和民俗事象演进三部分。"民俗事象溯源"部分，把葭沚民俗从炎黄的文化基因加以追溯。葭沚民众是炎黄氏族重要组成部分东夷族的后裔，东夷族崇拜鱼图腾、鸟图腾及鱼鸟图腾，还崇拜金属铁。所有这些文化基因，都可以从葭沚的民俗事象中找到它们的孑遗。"民俗事象回忆"部分，民俗事象存在的根基是社会生活，社会生活的急剧变化会导致各种民俗事象的消失，这部分就是把曾经存在过，而如今已经消失或即将消逝的民俗事象"定格"为文字，以供后人参阅。"民俗事象演进"部分,社会生活不会是真空,而是后浪推前浪的自我更新过程,脱离时代需求的民俗事象被淘汰,契合时代发展的新民俗事象又被不断地创造出来。总之,民俗事象随着社会生活的变动而不断地被传承和演进。

"上行曰风,下效为俗",就是说,"民俗"是民间的事,不是官方的事;又是说,只有官风正,才会民俗纯,所以要"移风易俗"。

乡情难忘,乡音难改,乡恩难报,这就是人们常说的"乡愁"吧!留住乡愁。

文　海　于北京
2020 年春

目录
Contents

001 / 前言

民俗事象溯源

003 / 鱼图腾的文化孑遗

010 / 鸟图腾的文化衍生

013 / 铁崇拜的文化折射

014 / 越人嗜好臭食

016 / 君子抱孙不抱子

018 / 租借婚

022 / 八抬大轿

024 / 男左女右

026 / 一双箸

029 / 三姑六婆

031 / 一亩三分地

033 / 菜蔬

035 / 绿壳

036 / 扁头王

038 / 鲤九

040 / 和合二仙

043 / 九尾狐狸精

045 / 夏日话扇

048 / 鱼博戏

051 / 从鱼占到气象预测

054 / 丰稔物阜的鱼形

057 / 孟姜女传说

061 / 鱼的巫术功能,以及宗教化、道德化

063 / 房屋正脊两端的鸱尾

064 / 梁山伯与祝英台

070 / 祈梦

072 / 变死·傍生人·死猫挂树上

074 / 蛮新妇·抱柱础

076 / 从"鸭焖芋"推测中秋节的起源

079 / 日记

081 / 糍粑与饼

083 / 杨府大神与历史上的杨继业及戏曲中的杨老令公

087 / 葭沚道教二三事

091 / 从看《僧尼会》说到《目连变》

094 / 同姓未必同源

096 / 葭沚渔民为什么不选天后而选观音为护海神

100 / 抲落帽风

103 / 为什么把傻乎乎的人叫傻瓜

104 / 端午该吃粽子还是该吃食饼筒

106 / 举头三尺有神明

108 / 苦与甜

110 / 贱称与下跪

112 / 三十六行，行行守规矩

113 / 纸鹞

115 / 感应

116 / 衣裳

118 / 小年

120 / 上当

121 / 眼中钉是什么"钉"

122 / 端午习俗，缘何要饮雄黄酒

124 / 为什么说"五百年前是一家"

125 / 农历十二月为何称腊月

126 / 喜鹊与乌鸦

民俗事象回忆

131 / 追忆将军第

136 / 记忆中的葭沚火柴厂

138 / 人的生死纯属偶然

141 / 演戏、看戏的昨天和今天

147 / 电影往事

149 / 赤脚医生

151 / 服盐霜

153 / 注射公鸡血

155 / 凡士林·蛤蜊油·雪花膏

157 / 狗捣米

158 / 茅坑

159 / 掏肥

161 / 陋习两则

162 / 消失的职业

165 / 市日

166 / 小儿游戏

169 / 拗罾·推罤·钓蟹·钓弹涂

171 / 葭沚渔家特色菜

173 / 储蓄罐

175 / 口味重，家里穷

177 / 人不可貌相

180 / 书衣

182 / 美人靠·猪娘扒·正襟危坐

184 / 俗话中的民俗事象四例

186 / 幸福院

190 / 阿弥陀佛

193 / 葭沚民众信仰的是民俗佛教

196 / 葭沚民众喜欢看"花部"的戏

200 / 《两只老虎》是什么歌

202 / 路队长

204 / 人乏吃猪皮,地贫施猪泥

206 / 炫富

民俗事象演进

211 / 历览洗澡

214 / 抽烟的文化学意义

217 / 那些年,我们贴什么画

219 / 攀阔祖宗

221 / 祠堂与宗谱

224 / 淫祠

229 / 十三点及其他

231 / 雁过留声,人过留迹

233 / "走狗"说

234 / 酒缸饭桶

236 / 吃素与素食

民俗事象溯源

鱼图腾的文化孑遗

东夷族是东方部族,它曾与黄帝族、炎帝族并立于黄河流域,是融合为中华民族的祖源之一。莨泚民众作为炎黄子孙,应属东夷族血脉。

发祥于黄河中游的仰韶文化,就是炎帝族文化。炎帝号神农氏,炎帝文化是放火烧荒的农业文化。炎帝族以太阳作为图腾,它使用的陶器均为红色,彩陶中大多表现太阳图案的纹饰。

炎帝族中有一支居住在半坡的部落却是崇拜鱼图腾的。后期,以鱼为图腾的部落上升为炎帝族的首领,以致鲧登上部族领袖的地位。"鲧"字从鱼,这一时期,炎帝族曾以鱼为图腾。郭沫若在释"天干地支"时说:"甲"为鱼鳞之象形,"乙"为鱼肠之象形,"丙"为鱼尾之象形,"丁"为鱼枕之象形,等等。《列子·黄帝篇》有"鱼洛女",被学者们释为"吾语汝"。"鱼"作为某些部族人们早期自称,后来广泛推行,成为"吾""余""予",这就是今天我们古文中常见的自称。

鱼类一旦摆脱了单纯的食用价值,成为人类物质生产与精神创造的对象,鱼文化的系统便开始形成了。

用鱼来装饰自己,起源于氏族社会。他们用鱼骨、鱼睛等串成项链、手链,既炫耀自己,又避邪吉祥。据《妆台记》载,赵宋淳化年间,面饰鱼鳃骨的京师妇女就曾以"鱼媚子"而风流一时。直至清代,满族的黑水部、东海窝穆部等仍然习惯用鱼骨额饰。至于其他质料的鱼形饰,可以说不计其数。玉石的挂饰、金银的鱼簪、双鱼耳坠、鎏金鱼尾冠饰,等等,从晋代至宋、辽都极为兴盛。从原始社会开始,直至今日松花江边的赫哲族人,仍喜欢穿染色的鱼皮服、鱼皮鞋、鱼皮裙、鱼皮腰带等。二十世纪五六十年代,葭沚渔民家还常见用鱼皮蒙成的拨浪鼓,供小孩玩耍。鱼形的玉挂件在葭沚最为常见,有的挂在脖子上,有的挂在腰上,至于鱼形的餐具、礼器、灯具、玩具、文具等,到处可见,在葭沚民众的文化心态和传统习俗中留下了深长的投影。

鱼为吉祥恩主、鱼与人之间的人伦联系及情感互通的认识,使鱼类又被尊奉为辟邪消灾的护神。出于求吉与避凶、祈福与免祸、近神与远鬼等需要,于是出现了佩饰、器用等。鱼形佩饰早在红山文化时期即已有之。商、周、两汉有玉质鱼佩饰,那时的人们将鱼饰作为护身之宝而常佩不舍。《合璧事类》载:"陈尧咨守荆南,每以弓矢为乐。母冯夫人怒杖之,玉鱼附地碎。"这就是葭沚民众常说的,人身上佩玉器,玉震而人不惊。

自南北朝以后,鱼类图像就较多地出现在建筑构件和居室装饰中,如建筑正脊上的鱼尾形鸱尾,回廊中的鱼形月梁,柱枋间的鱼形雀替,门户上的鱼形门钥,以及门窗裙板、门头砖雕、床雕及其他装修上,都常见双鱼图、鱼鸟图、鱼磬图、鱼跳龙门图、鱼穿莲花图等纹饰。今天,在葭沚幸存的黄家老屋上,还能见到许多鱼形装饰,房屋门扇及家具门上的环钮多制成鱼形。唐丁用晦在《芒田录》中解释说:"门钥必以鱼者,取其不瞑目守夜之义。"寺院中的木鱼,据说也寓于此意:"用以警众",借促修行之人"昼夜忘寐"。葭沚除了常见的鱼形环钮、鱼形衣挂、鱼形壁挂外,还有古老的鱼形铜门锁。

双鱼图装饰在葭沚也很常见,主要有四种形式:骈游式、逐戏式、交叠式、对吻式,这四种形式都具有合欢、生殖的象征意义。人们最喜欢的是对吻式双鱼图:两鱼刻划相同,两首对顶,呈对称式构图,有明显的图案化趋势。双鱼图作为民间吉祥图饰,广泛用于年画及新房装饰,并成为喇嘛寺院"佛八宝"中的一项。

鱼的药用方面,陈藏器、李时珍等曾有专门著述。《山海经·南山经》记载有"食之无肿疾"的鯥鱼,"食之不疥"的赤鱬;《山海经·西山经》中载有"食之已狂"的文鳐鱼;《山海经·北山经》中载有"食之不痒"的鳛鳛鱼,"食之无痴疾"的人鱼;《山海经·东山经》中载有"食之无疠"的珠鳖鱼;《山海经·中山经》中载有"服之不畏雷"的飞鱼,等等。《异鱼图赞笺》说取石首鱼烧灰,吹入鼻中解毒。孕妇难产,只要手握"郎君子鲞",就能顺利分娩。鱼的药用性还导致对巫鱼的迷信,如北京潭柘寺的一条康熙年间制作的木鱼就曾被视为能治病化灾的"仙鱼"而受到叩拜。直到解放前夕,人们还相信,敲其头可治头疼,敲其身可止肚疾,敲其尾能止脚病。葭沚民众中流行孕妇难产喝海马汤能顺利分娩,还认为河中黑鳢煮酒,食之,能治风湿病。鲅鱼膏能给哺乳期的妇女通乳。

鱼崇拜在祭祀、婚丧、交际、朝规中都有体现。"鱼祭"由来已久,《礼记·曲礼》曰:"凡祭宗庙之礼,槁鱼曰商祭,鲜鱼曰脡祭。"《礼记·王制》曰:"庶人夏荐麦,麦以鱼。"《礼记·月令》载:"季冬之月,命渔师始渔。天子亲往乃尝,鱼先荐寝庙。""鱼祭"在民俗活动的历史中经久不衰。宋范成大的《祭灶词》中有"猪头烂熟双鱼肥"句,明代高启《里巫行》中有"白羊赤鲤纵横陈"句,其中写到的鱼都是作为献神的祭品。商人求生意兴隆,也用鱼祭,如宁波商人在五月五日"请财神"时,供两条活鲤鱼,祭毕由两人同时放回江河,以祈"生意兴隆通四海,财源茂盛达三江"。葭沚民众的祭祀中,以活鱼、鱼鲞或熟鱼作为供品,非常普遍。

在婚姻礼俗中,婚礼取用双鱼纹铜镜。新娘到夫家前撒钱,模拟"鲤鱼散子"的仪式,洞房窗花的双鱼剪贴等,都体现了鱼文化求偶乞嗣的美好寓意。葭沚民众在结婚仪式中也有"鲤鱼散子",即把硬币、五谷等混在一起,装在盘中,然后抛撒。这种仪式的观念基础是"人鱼一体"。在葭沚人的记忆中,流传着"海和尚"的说法,在木帆船航海的年代,常常听大人说起海和尚挂沉木帆船的事情。木帆船在海上航行,突然有一只海和尚(光光的头,大小与和尚差不多)两个上肢挂在船帮上,如发现得早,赶快烧千张、福寿纸(冥钱),它就会跳下海去。如发现迟了,船帮上的海和尚会越来越多,直到帆船沉没。从今天科学的观点看,海和尚很可能就是海豚,它们是群体活动的,它的头很像和尚的光头。你烧纸,他见火就跳到海里去了。二十世纪五六十年代,葭沚民众的年画中贴得最多的是一幅一个戴兜肚光腚的男孩坐在一条大鲤鱼上,这画的寓意,与其说"年年有余",还不如说"人鱼一体"。闻一多曾在《神话与诗·说鱼》中论证鱼作为"匹配""情侣"的象征乃源于鱼的"繁殖功能"。这一功能通过比拟联想和巫术手段,与初民己身通联交感,成为人类生殖的崇拜物。它可考之于文物,传之于口头,见之于诗文,习之于风俗。

对鱼的崇拜(或图腾)必然引出"禁忌",即有关鱼的哪些事情禁止做。葭沚民众(尤其是渔民)在渔事方面有两个禁忌非常突出,即"船忌"与"渔忌"。船忌包括对人员的禁忌、行为的禁忌、语言的禁忌和食物的禁忌等项。

人员的禁忌,如不准妇女下船,否则会翻船;不准家中有产妇和丧事的人下船,否则会晦气;忌"七男一女"下船,说"形同八仙过海",有龙太子抢亲、翻船之危,等等。

行为禁忌,如在船上不能吹口哨,不得在船头大小便,以免唤醒海鬼,遭翻船失火之灾。葭沚渔民在撒网捕捞前忌讳拍手,因为拍手意味着两手空空,无鱼可捕。

食物禁忌,船上烧鱼、吃鱼不得翻鱼身;碗、酒杯等不能反扣;船员吃饭前先得撒饭祭海等。

语言禁忌,一是词义的避讳,如尸体说"元宝","撑篙"指筷子等,以避免鬼祟和厄运随语言而同致。二是谐音的忌讳,主要避讳与"翻""沉"音近的字,比如"盛饭"要说"添饭"。

渔忌,是指直接与捕鱼活动相关的禁忌。"渔忌",是用迷信的手段指导和约束生产、生活,表现为"人事"与"鬼事"的颠倒关系。

在葭沚的民俗中,也流行"鲤鱼跳龙门"说法。这其实是鱼图腾衍变出来的通达观念,反映了人们去卑趋尊的心理。从文化源头上看,曾以鱼为图腾的炎帝族,在与其他部族融合的过程中,受鸟图腾、熊罴虎豹图腾的影响,原有的图腾崇拜发生了演变。今天,我们从《山海经·山经》中关于炎帝族活动较多的地区可以看到多种"鱼身而鸟翼""鸟首而鱼翼鱼尾""鳋鱼,其状如鲤而鸡足""豪鱼,状如鲔,赤喙尾赤羽"等记载。由鱼而生翼、有足,逐渐演化出一种虚拟的神话动物——龙。《山海经》中还有许多人、龙合身的记载,诸如"钟山,其状如人面而龙身""光山,其状人身而龙首""龙身而人面""人身龙首"等。可见,在炎帝族活动地区,龙作为新的图腾而受到崇拜。甲骨文中有"龙来氏、羌",《吴越春秋》有"(禹)家于西羌"、《瑞应图》有"禹平天下,二龙降之,禹御龙行城外,既周而还",《山海经》有"大乐之野,夏后启于此舞九代,乘两龙。"这都告诉我们,源于氐、羌,后来成为夏代统治者的炎帝族以龙作为图腾。

至于鲤鱼与龙的关系,《初学记》:"蛟龙,水中之神者也,乘水则神立,失水则神废。"《酉阳杂俎》:"鲤鱼多为龙。"《水经注》载有鱼龙变化的故事:"……唯见一鱼在,其一变为龙。"《艺文类聚》:"《符子》曰:观于龙门,有一鱼奋鳞鼓鬐而登乎龙门而为龙。"《太平御览》引《辛氏三秦记》:"河津一名龙门……江海大鱼洎集门下数千不得上,上则为龙。""鲤鱼跳龙门"之说反映了部族内部已出现等级差别。同时也反映了炎帝族在鸟图腾影响下,完成了自身图腾信仰的演变(鱼亦能成龙)。龙的出现,体现了部族的大融合,因为图腾是部族的徽标,图腾的和合就是部族融合的标志。"鲤鱼跳龙门"这种鼓励人们积极进取的风俗,在几千年的历史中绵延不断。晋代长安歌谣中有"东海大鱼大为龙,男皆为王女为公"之句。《琵琶记》中有如下曲词:"孩儿出去在今日中,爹爹妈妈来相送,但愿得鱼龙化,青云得路。"《后汉书》称攀附高官者为"登龙门"("士有被容接者,名为登龙门")。唐宋期间,则以科举会试中登科而称之("故当代以进士登科为登龙门")。在不同时代,人们赋予"鲤鱼跳龙门"特定的时代内容。封建时代,读书人以登科为"跳龙门"。二十世纪六七十年代,葭沚民众以农村户口转入非农村户口(居民户口、城镇户口),叫"农转非",戏称"跳农(龙)门"。同时,人们也把考入大学叫"跳龙门"。近些年,人们也把考入公务员叫作"跳龙门"。由此也可见,"鲤鱼跳龙门"习俗在民众心中的影响之深远。

鸟图腾的文化衍生

东夷文化是中华文明重要源头之一,东夷人不仅发明了酒,而且使用各种酒器(尊、斝、盉、瓠等)和礼器(玉璧等)。《太平御览》引《帝五世纪》:"仓颉取象鸟迹,始作文字之篆。"一般认为仓颉为黄帝臣,但众所周知,东夷族以鸟为图腾,所谓"取象鸟迹"者,即是鸟图腾的佐证。淮阳平粮城发现的古城遗址被认为是"太昊都陈"的所在,从古城的建筑规模也可以看到当时东夷族的强盛。太昊姓风,风与凤通。少昊曾以鸟名官。"昊"疑为"昦"字传误。《尔雅释兽》:"鸟曰昦"。《说文》:"鹎,伯劳也。"《尔雅郭注义疏》"伯劳纯黑色",正是玄鸟形象。古人迷信天帝,苦于不得交通,崇拜翔天的飞鸟以为可传达天意,那是很自然的。直至春秋战国以后,齐鲁东夷旧地鸟图腾崇拜仍有残余。如山东嘉祥汉画像石中孔子双袖上饰两个鸟头;微山县出土的东汉画像石《针灸行医图》将扁鹊也刻画成半人半鸟的形象。东夷族鸟图腾崇拜还体现在它使用大量仿鸟形的陶器。先进的东夷族文化逐渐向西渗透,仰韶文化遗址出土的陶片有的同绘画鱼纹和鸟纹,标志着仰韶文化进入了一个新阶段——庙底沟类型。《淮南子·精神篇》说:"日中有踆乌。"高诱注:"踆,犹蹲也,谓三足乌。"这种日中有鸟的神话,是太阳图腾与玄鸟图腾结合的产物。东夷族象鸟造字、象鸟作器,体现了父系的权威。古代"鸟"、"吊"同音,鸟向来作为象征男性生殖器的隐语。关于把鸟作为男性生殖器加以崇拜的习俗,大量地流传于葭沚民众的口语中(详见"粗话"一文)。

在氏族的融合过程中,氏族的图腾也加以融合。从今天所能见到的考古实物和文字材料中发现,鱼图腾是十分普遍的。鱼图腾最初是生殖崇拜的记号,鱼为阴,鸟为阳,武功游风的《游鱼吞图鸟》最为直观地展示了鱼鸟的阴阳二性及其相配的生殖含义。长期以来,葭沚民众有鳓鱼头骨做成鸟的习俗,并把做成的鸟挂在吃饭桌上方,供全家人吃饭时欣赏。直至二十世纪五六十年代,此风还在流行。这就是鱼鸟图腾实物展示,它的民俗含义就是阴阳和合、崇拜生殖。鱼鸟之物并非都是吉祥,亦有凶兆说法。杨慎在《异鱼图赞笺》卷三中说:

何罗之鱼,一身十首,化而为鸟,其名休旧。窃糈于春,伤损在臼,夜飞曳音,闻舂疾走。

《岭表异录》解"休旧"说:

一名"休鹠",夜飞昼伏,能给人爪甲,以为凶。又名"夜游女",好与婴儿作祟。又名"鬼车",又名"鱼鸟",入人屋收魂气。其头有九,为犬所噬一首下,血滴人家则凶。

直至二十世纪五六十年代,在葭沚民众中一直流传着九头鸟是凶鸟的说法。每年春季,尤其是细雨蒙蒙的夜晚,时常听到天空有咿咿呀呀的声音飞过。大人一听到这种声音就说这是九头鸟在飞,赶快把灯吹灭,九头鸟是要扑灯光的,并说九头鸟是阴鸟,有的头滴脓,有的头滴血。小孩听后非常恐惧,但又都不明白。古人认为,九头鸟为鱼所化,其实是鱼鸟合图的变异。葭沚民众对九头鸟的口头传承,本质上也是鱼鸟崇拜,只不过"鳓鱼头骨做鸟"是吉,"九头鸟滴血夜行"是凶而已。

铁崇拜的文化折射

东夷族具有先进的文化,不仅仓颉造字,而且"夷羿作弓"(《吕览·勿躬》)、"夷牟作矢"(《世本》),"夷"字本身"从大从弓"(《说文》)。"太昊师蜘蛛而结网"(《抱朴子·对俗篇》),"奚仲始作车"(《世本》),"番禺是始为舟"(《山海经·海内经》),"伯益作井"(《吕览·勿躬》),就是说,文字、弓箭、网罟、舟车、水井都是东夷族创造的。"铁"字古文作"銕",从"金"从"夷",铁器的发明,亦与东夷族有关。

作为东夷族后人的葭沚民众,对铁器有崇拜的遗风,比如煎中药,要在煎药的罐盖上放一把菜刀或铁的小刀,其用意是镇邪,怕失去药效。又如烧绿豆汤时,绿豆中往往混有烧不烂的"豆贼",咬到它很难受。葭沚民众采用绿豆从菜刀上倒下去,认为铁的菜刀能杀死绿豆贼。再如"符""签文"等,放在那儿都要用铁器镇住它。显然,这些习俗都与铁崇拜有关。

齐周华也认为台州人是东夷族的后裔,他在其《临海水土异物志》中就专辟《夷州》一栏。比如,他说:由于东夷地处东南沿海,夷州人"取生鱼杂贮大瓦器中,以盐卤之,历月余日乃食之,以为上肴"。

越人嗜好臭食

越人嗜好臭食,早已全国闻名。什么臭豆腐、臭腐乳、霉鳜鱼、臭灰鸭子、臭童子尿卤鸡子、霉苋菜梗、霉菜蕻头、臭冬瓜等等,可谓臭气熏天。浙江古代属越国,葭沚民众自然也是越人的后裔。葭沚不少民众长期以来对臭食也有特殊嗜好,最常见的臭食有乌脓苋菜股(霉苋菜梗)、霉鳜鱼、乌脓腌虾(霉腌虾)、乌脓菜蒂头(霉菜蕻头)、臭豆腐、臭腐乳、臭冬瓜。葭沚人把腌霉变而微微发黑叫"乌脓"。乌指发黑,脓指有臭气味,并认为,食物能腌成乌脓是一门技术。

越人嗜臭从何而来呢?是从鱼腥草而来。鱼腥草,也叫臭草,名蕺。越人食臭草与越王勾践有关。

当年越王勾践国破被吴所俘,成为奴隶,为了表示自己对吴王的膺服和归顺,勾践竟然给吴王口尝病粪,如中医细辨药味。尝讫,对吴王说:"大王的病没大关系,很快就会转好。"吴王问:"何以见得?"勾践说:"医书上说病粪味甘,病危;病粪味苦,病转愈。适才罪臣尝大王之粪,味极苦,故如此决断。"吴王深感勾践已彻底认输,再无二心。没过几天,吴王果然病愈。吴王不顾老臣伍子胥反对,决定放勾践夫妇回越国。

勾践回国后,卧薪尝胆,发奋图强,最终灭了吴国。吴国虽灭,但"尝粪"的口实难除。王后看破了勾践的心思,心想让臣民上下一律食臭,这样尝粪的嘴巴也就不臭了。此事由范蠡出面,想了个堂而皇之的理由,早朝上奏,言越国臣民应食蕺(鱼腥草)根。那天傍晚,王后挽同勾践,双双提小竹篮去离王宫数里的小山坡上挖蕺根。百姓见之,一传十,十传百,采蕺、食蕺便蔚然成风。那个小山坡也出了名,叫蕺山。这样一来,全国上下你臭、我臭、大家臭,再无口臭异议了。"上行曰风,下效曰俗",从勾践被吴王放回越国,到二十年后勾践灭掉吴国,上行下效,食蕺嗜臭成了越国的习俗。《吴越春秋·勾践入臣外传》载:"越王从尝粪恶之后,遂病口臭。范蠡乃令左右皆食芩草,以乱其气。"越国不仅兼并了吴国,还把势力扩大到山东琅玡。在这些范围,都上行下效,食蕺嗜臭。即使到了食物如此丰沛的今天,越人后裔食蕺嗜臭仍然难改,大嚼凉拌蕺根仍是常事,食霉臭加工食物比比皆是,并且吃得那么津津有味。

传说归传说。科学的解释是,因为江南湿润多雨,潮热易霉变,由于物资馈乏,人们舍不得轻易丢弃,变着花样吃。久而久之,霉变物被加工成了特色美食,可谓"化腐朽为神奇"。

君子抱孙不抱子

在葭沚,一直流行着祖辈对孙辈特别亲的习俗。葭沚民众有句口头禅:"奶奶见孙,猫儿见荤。"作为祖辈的爷爷也一样,一见到小孙子,就想抱。时下,我们有句流行语,叫"隔代亲",而孔子的《礼记》中名之曰"君子抱孙不抱子"。

"抱孙不抱子"源自周朝的立尸礼。周朝的贵族祭祖时,往往要选出一位族人扮成祖先代受祭祀。当时将这位扮神者称为"尸"。《礼记·郊特性》说:"尸,神像也。"作为灵魂化身的"尸"有主角、中心之意。《仪礼·士虞礼》郑玄注:"尸,主也。孝子之祭,不见亲之形象,立尸而主意焉。"就是说,立尸像神是为了使祭祀者崇拜祖先的感情有所维系和寄托。选"尸"有三个原则:一是同姓原则,扮尸者与所祭祖先必须同姓同族。所谓"宗庙之尸必以同姓,取其精气合也"。古人认为,宗族的上一阶段生命被新生生命所保存,祖先的灵魂返老还童似地又显现在新生婴儿身上。古人还认为"神不歆非类""鬼神非其族类,不歆其祀",是认为不同血缘的人与鬼之间不具备沟通的可能。换言之,如果用异姓人扮尸,尸与他所代表的鬼神不能融通一体,祭祀的目的就不可能实现。二是同昭穆原则,选尸必须遵循昭穆制规定,周人习惯上将同族人划分为昭、穆两大类:父辈为昭,子辈为穆;孙辈为昭,曾孙为穆,依此类推。昭穆制的基本精神就是用这种祖孙同列、父子异列的办法来标明人们的世系辈分。按同昭穆原则,尸一般从死者的孙辈中选出,《礼记·曾子问》:"祭成丧者必有尸,尸必以孙,孙幼则使人抱之。""成丧"指成年死者。《礼记·曲礼》:"君子抱孙不抱子,此言孙可以为王父尸,子不可以为王父尸。"《公羊传》宣公八年何休注:"卿大夫以下以孙为尸。"

"孙为王父尸""尸必以孙""卿大夫以下以孙为尸"的传统礼仪流传在民间的实际生活中,就表现为祖辈的"抱孙不抱子"之习俗。

租借婚

解放初新婚姻法实施之前，葭沚还存在租借形态的婚姻。比如，有两家子，一家妻子还年轻，丈夫患慢性病，身体既不行，又因病致贫。另一家则比较富有，但妻子无生育能力，经中间人撮合，四方同意（被租夫妻、受租夫妻）谈妥报酬，确定租借期限，讲清出生子女的归属等问题，签订协议。这样租借婚姻的关系就确立，贫家妇女就到富家生活，准备为其生儿育女。葭沚民众把这种契约关系的临时夫妻叫"点水面"，并且认为双方家庭都是非常理智的举动，没有什么不光彩的。

那么这种婚姻形态在人类婚姻发展史上究竟属于哪一阶段的婚姻呢？中国的婚姻发展史，如果一言以蔽之，则是"从兄妹相配到周公制礼"。中国传统文化把男女恋人称为"阿哥""阿妹"，电影《芦笙恋歌》中的"阿哥阿妹情谊长"就是代表性的声音。把阿哥、阿妹和婚姻连在一起的文化源头就是伏羲和女娲兄妹婚配的传说：宇宙初开之时，世界还没人，只有伏羲和女娲兄妹二人在昆仑山上。为了繁衍人类，他们商议自相婚配，却又羞耻难当。兄妹二人来到山顶，各自点燃一堆柴火，向上天祝祷,如果天意让二人结为夫妻,就使两缕青烟合一股。于是,他们便遵循天意结为夫妇,生儿育女,繁衍人类。故此,后人都尊伏羲为"人祖"(人类祖宗),女娲为"人祖奶奶"。除汉族外,壮、苗、瑶、彝、傣、侗等十几个少数民族,也都传说兄妹结合繁衍人类的神话。说明远古时代等辈血缘婚曾经是普遍存在的婚姻形态。

在漫长的血缘婚姻中,人们终于发现,血缘婚姻会导致人种的退化,人们开始用族外婚取代血缘婚。族外婚又叫"伙伴婚姻",中国古籍记载中的男女"野合"就是指这种关系。"族外婚"的婚姻形态不仅禁止了血缘家族内部父母和子女间的性关系,而且也排除了同胞(即母方的)兄弟和姊妹之间的性关系,实行族外非兄弟姊妹间的群婚。

族外婚姻虽然排除了血族内部通婚,但群婚是杂乱婚,由于人们对杂乱的不满,因此一种新的婚姻形态——对偶婚自然而生。对偶婚的基本特征是分属不同氏族的成年男女,在一定时间内实行配偶同居,从而初步排除了伙伴婚姻的"共妻"或"共夫"的杂乱性伙伴关系。对偶婚产生于母系氏族社会向父系氏族社会的过渡时期。早期的对偶婚以"走婚"为主,即当一个男子喜欢上他的对象后,便去女方所在氏族与之同居。双方仅靠两性相吸、两情相悦维系婚姻而无共同财产,男方仍在自家参加集体劳动。这种婚俗直至近世仍存在于一些少数民族的习俗中,如生活在云南宁蒗泸沽湖一带的摩梭族成年男女结成肖波(情侣)后,男方就可以在晚上去女方家访宿,翌晨便返回自己家。此后,他们可以继续偶居,也可另找肖波,没有任何附加条件。另外,云南景颇族的"阿注"(男女朋友)婚姻也是对偶婚婚姻形态。

随着社会的进步,父权制逐步确立,一夫一妻式的个体婚亦从对偶婚中应运而生。考古资料证明,个体婚在中国出现距今已有四五千年。个体婚先后经历了服役婚、掠夺婚、买卖婚和聘娶婚等阶段。服役婚又叫服务婚、考验婚,指男子在婚前或婚后住在妻方劳动一段时间,作为代价偿还妻方劳动力的损失,换娶妻子到本氏族或本家族中来。掠夺婚,又称抢劫婚、抢夺婚、伴战婚,是以强行"劫夺"的方式达到成婚目的的一种婚姻仪式。抢劫婚出现在从对偶婚向个体婚的过渡时期。所谓"劫夺婚",一般假劫真婚,"劫"只是婚姻仪式而已。魏晋以后,我国爨族(今彝族)仍实行劫夺婚姻制度(见曹树翘:嘉庆《滇南杂志》)。唐代是我国各民族大融合时期,劫夺婚俗被当时婚仪所吸收,成为"坐地安帐"(在屋外搭喜棚,也称"青庐")、"下婿""弄妇"等节目。掠夺婚的余韵在少数民族的婚俗中很是常见,但大多是取其形式以增加迎亲活动欢乐气氛,如瑶族中就有新郎身佩腰刀带伙伴去岳家"抢新娘"的习俗。买卖婚姻则是随着私有财产出现和父权制确立而产生的。随着生产力的发展,人们开始用谷物、牲畜等实物来替代无偿服役,这便是买卖婚的雏形。它既是服役婚的延续,又是对劫夺婚的限制。聘娶婚,又叫"礼俗婚",是个体婚姻形态确立之后普及率最高的类型,其基本特征是男女两性的结合从议婚到结婚的全部过程都按一定的礼仪程式履行，这就是记载在《仪礼》和《礼记》等古书中的"六礼"。按传统的说法，六礼乃周代著名的政治家周公（姬旦）所制定。自此，以六礼为主体的聘娶婚逐渐从上流社会推广到民间，并沉淀为中国传统婚俗。

当我们浏览完中国的婚姻历程之后，回过头来再分析葭沚的租借婚，应属于对一夫一妻制婚姻补充，大致相当于"妻妾制"中的娶妾之俗。

八抬大轿

葭沚民众有这么一句口头禅:当他请人家请不动时,觉得很没面子。这时,他就会自怨自艾地喃喃自语:"怎么啦,还要用八抬大轿抬你不成?"

政府官员出访坐轿,盛行于南宋社会。北宋的士大夫认为乘轿是有悖人伦的,即"以人代畜",有伤风化。朱熹则嗟叹:"至今则无人不乘轿子矣!"

明初规定只有三品以上的官员才可以坐轿。至清代,从一品官员到七品芝麻官都可以坐轿了,轿成了官场上的主要交通工具。但是,"八抬大轿"仍不是什么人都可以坐的,只有直省督、抚与出京的三品以上的高官才有资格乘坐这八个人抬的"八抬大轿"。其他官吏只能坐"二人小轿"或"四人小轿"。官员需按制例,否则就要受罚。百姓有钱也不得逾制(可见《明史》和《清史稿》)。

与八抬大轿相连的是"鸣锣开道",鸣锣开道是权威的体现。清廷规定,中央一级的督抚出门,先打十三棒锣,意为:大小文武官员军民人等齐闪开。省级官吏上街,鸣锣十一下,意为:文武官吏军民人等齐闪开。道府一级的官员出门,打九棒锣,意为:官吏军民人等齐闪开。县一级官吏上街,差役在开道时只准鸣锣七下,意为:军民人等齐闪开。

山东潍县知县郑板桥,夜里只打了灯笼出来,不仅被人耻笑,还被告到知府,说他有辱朝廷命官,有违朝廷制例。

古代官吏坐轿出行,是不能被随便拦轿的。老百姓拦轿告状或拦轿喊冤,都是拼上小命的。因为官吏出门的仪仗队除了摆威风、讲排场、吓唬老百姓外,还担负警卫作用,以防不测。

男左女右

葭沚民众的观念中深深地印进了"男左女右"的思想，生活中随处可见其影响。

在堂室制度中，客堂中桌子两边配有椅子，客人光临，男左女右，按序坐下。

家里请客，以前都以正方的"八仙桌"放在客厅宴请，排序同样男左女右。

现在人们穿的衣服要么对襟，要么套衫。以前女性常穿"大襟"衣服，即扣子开在右腋下，如同现在的旗袍开扣。葭沚渔民也穿"大襟"的衣服，因为渔民在船上作业要撒网，如果穿对襟衣，扣子在胸前，容易被网眼勾住，把人拖入大海，所以改为腋下开扣。但他的开扣在左腋下，区别于女性开扣在右腋下，也遵循男左女右习俗。

男左女右的习俗源头在哪儿呢？《五运历年记》认为，中华民族的日月二神是盘古氏双眼所化，日神是盘古氏的左眼所化，月神是盘古氏的右眼所化。日之神是伏羲，月之神是女娲，"男左女右"由此神话而来。由此，也演化出男阳（伏羲男，为太阳神)女阴(女娲女,为月神)。

在我国的历史上,晋代就发生过"左右之争"。《广弘明集》中有一篇《袒服论》,记载了东晋庐山慧远与太尉桓玄的争论。僧人穿袈裟沿袭了古印度的规矩,袒露右边。太尉桓玄认为,这违背了中国的礼制。中国兵家传统认为"左吉右凶",要慧远把它改为裸露左边。慧远明确表示,"袈裟非朝中之服,钵盂非庙廊之器,沙门乃尘外之人",没有必要这么做。争论的结果以桓玄太尉失败而告终。

我国的中医讲"辩证施治",它的切脉也沿用"男左女右",代表男女生理上的差异。中医切脉,男子取气分脉于左手,女子取血分脉于右手。

一双箸

葭沚民众叫"筷子"为"箸",箸一端圆一端方,圆这端夹菜,转动方便;另一端方,免得箸在桌子上乱滚。葭沚民众从中国传统文化把箸两端的一圆一方演绎为"天圆地方"。古人认为天是圆的,地是方的,圆的一截代表天,方的一截代表地。所以,箸插在箸笼里,方的一端朝地。

葭沚民众买箸,要先估一下,是否够七寸六分,七寸六分代表拿箸吃饭的人有七情六欲。箸太短了,不好,表示情、欲有缺,不符合中国传统文化中的"食色性也"。箸太长了,也不好,人的欲望不能太多。

箸叫"一双",不叫两只。说"两只箸"只是数字上的叠加。"一双"它含有"和谐""互补""阴阳结合"的文化色彩,它蕴含着繁衍亨吉的寓意(阴阳生四象,四象分八卦,八八六十四卦,衍生万物),这叫"好事成双"。中国人运用一双箸夹东西那么自如,就在于它们的和谐、配合、互补。外国人用两根箸夹不起东西,是没有使它和谐互补,以达到力的控制和平衡。

葭沚民众还认为,箸是灵性的,它可以用来点穴、刮痧,甚至可以作为巫术的道具。不能用箸去敲打小孩的头,有些年轻父母看小孩吃饭时不听话,就随手用拿着的箸去敲打小孩的头(一般都用方的一头去敲打,因为方的一截干净,圆的一截粘有饭菜;方的一截重,敲打会疼)。这个举动往往会招老年人的批评,认为这是"地打天",反啦。(中国传统文化认为"天人合一","天圆地方"体现在人体上,头是圆的,代表天;足是方的,代表地。古人帽子是圆的,鞋子是方的,圆帽方鞋,天经地义。帽子最旧也能戴在头上,鞋子最新也只能穿在足上。)

从材质看,箸绝大多数都是用竹子制的,它既轻巧,又绿色环保,且经济耐用。也有少数是木制的、塑料的,还有铝合金的、银的等。最高级的要算"象牙箸"(它的材料是象牙),据说象牙箸一碰到有毒物体就会变黑(原来为乳白色)。因此,民间认为象牙箸有鉴别饭菜等是否有毒的功能。

中国是礼仪之邦,古人用箸是讲礼仪的,如《礼记·曲礼上》说:"饭黍毋以箸"。

现在假使两个人同时用筷子在一个盘子里夹菜(四筷夹菜)那是很常见的事,古人则大忌,把它叫"截筷",因为与收葬骨灰时的动作相似。古人吃饭时还忌让人停下筷子,"停筷"是针对死人的。人死后,在棺前放最后一碗饭,并将一双筷子直插饭上"供筷",这样才停下筷子。

在正式场合,筷子的摆放都代表一定的意义。如筷子横放在碗或碟子上,表示"酒醉饭饱,不再进食。诸位慢用"。明人徐祯卿笔记《翦胜野闻》中记载:"(唐肃)食讫,拱箸致恭为礼。帝问曰：此何礼也？肃对曰：臣少习礼俗。帝怒曰：礼俗可施之天子乎？"结果，唐肃被定罪"大不敬"，被贬到朱元璋老家濠州守城。"拱箸"，即筷子横放。在明太祖朱元璋看来，就是不愿做其"侍膳"，这就是"大不敬"。一位明初才子，就因为筷子横放而断送了政治前途。

民间关于筷子的禁忌很多，诸如忌"三长两短"，即两只筷子要一样长；忌"仙人指路"，即使用筷子时不要食指单独伸出（老北京称之为"骂大街"）；忌"品箸留声"，即不要将筷子放在嘴里来回嘬着；忌"击盏敲盅"，乞丐讨饭才会这样；忌"迷箸刨坟"，即用筷子在碗里翻来翻去；忌"泪箸遗球"，即夹菜时把汁滴在桌上或其他菜里；忌"乾坤颠倒"，即两根筷子大小头颠倒；忌"定海神针"，即将一根筷子插在盘里菜中间；忌"当众上香"，即把筷子插在饭里送给同桌，等等。

在中国，"处处留心皆学问"，只看你有没有文化修养。

三姑六婆

葭沚民众把那种不三不四、串门走户、游说良家妇女的妇人，蔑称为"三姑六婆"，视"三姑六婆"为扫帚星，入家破家。

"三姑六婆"原本指的是古代中国民间女性的九种职业。明代陶宗仪《辍耕录·三姑六婆》称"三姑者，尼姑、道姑、卦姑也；六婆者，牙婆、媒婆、师婆、虔婆、药婆、稳婆也。"

清代李汝珍在《镜花缘》中也说："吾闻贵地有三姑六婆，一经招引入门，妇女无知，往往为其所害，或哄骗银钱，或拐带衣物。"

"三姑六婆"在社会生活中的形象是：不务正业、串门走户、搬弄是非、媒介淫恶、拆家离散、诱人入彀等。戏曲《陆游与唐婉》中一对志趣相同、深深相爱的新婚夫妻，就是被尼姑插了一脚，她在陆游母亲面前搬弄是非，导致陆母"棒打鸳鸯"，成为千古遗憾。又如施耐庵的小说《水浒传》中，王婆入潘金莲家，媒介淫恶，诱潘金莲入彀，导致武大郎惨死、武松杀嫂，是典型的入家破家。

由于三姑六婆不学有术，出于私利诱骗妇女，往往弄到拆家离散，甚至家破人亡的结局。因此，三姑六婆成了人人厌恶的人物。晚清大儒、扬州八怪之一的郑板桥便再三告诫家中妇女，不可与"三姑六婆"之流有任何往来。

一亩三分地

在处理人与人、人与事关系上，总有个退让，古人有"退避三舍"之说。今天，人们也常说："退一步海阔天空。"但万事总有个底线，葭沚民众常用"一亩三分地"来比喻这个底线，常见的说法是："到了一亩三分地"，言下之意是，到了这个地步，不能再退了。

"一亩三分地"的由来是周朝以前对老坟地面积的规定。

父母亡故，有点身份的儿子要在坟前守孝三年。当时对"守孝三年"的解释是，人生下来一般要由父母怀抱两年才能生活自理，再加上在娘胎里一年，共三年。这就是说，人从成孕怀胎到生下，前后三年，都是在父母怀抱中成长的。因此，父母亡后，要报这三年的怀抱之恩，这便是守孝三年的缘由。

三年守孝期间，就在父母坟旁搭个房子，在坟边的土地上自种自食、自给自足。国家规定，坟地面积一亩三分以内不需纳粮缴税。那时一个人的简单生活资料，一亩三分地够了。三年守孝终，这块地就成为守孝人的"自留地"，仍不必纳粮缴税。如果守孝人把这"一亩三分地"卖掉了,买者必须为这一亩三分地纳粮缴税。这便是一亩三分地作为底线的缘由,也被后人用来比喻处理人与人、人与事物关系的底线。

菜　蔬

葭沚民众把下饭的菜统称为"菜蔬"。这是一种非常传统的、朴素的说法。

古人的"菜"中没有荤腥。《说文》曰："菜，草之可食者。"《小尔雅·广物》也说"菜，谓之蔬"。这里的"菜"，都是青菜、蔬菜之义。

随着生产力的发展和人们实践范围的扩大，"菜"的内涵和外延都在扩大、加深，逐渐地把荤腥也包括了进去。明代郎瑛《七修类稿》说荤菜的由来与东南沿海渔民有关，这也可从杜甫描写海边渔民生活的诗句中窥见：

异俗吁可怪，斯人难并居。
家家养乌鬼，顿顿食黄鱼。

杜甫对以鱼为"菜"的渔民生活不习惯（难以并居）。到了南宋，仍有人不习惯。林洪在《山家清供》中对"酒煮菜"也发出质疑声："非菜也，纯以酒煮鲫鱼也，以鱼名菜，窃尝疑之。"《靖州图经》载:"其俗,居丧不食酒肉……而鱼为蔬。今湖北多然,谓之鱼菜。"对"以鱼名菜",郎瑛在《七修类稿》中存同样的疑问:"杭人食蚌肉,谓之淡菜,予尝思之,命名不通。"

清代袁枚在《随园食单》中说:"满菜多烧煮,汉菜多羹汤,均自幼食之。"可见,人们已习惯于"菜中包含荤腥了"。

绿　壳

葭沚民众把抢劫的人或团伙都叫"绿壳"。"绿壳坯"是一句很难听的骂人的话,如果一个男儿被人指骂为"绿壳坯",给人的印象就有点游手好闲且来路不正的味道。

关于"绿壳"一词的来历,据说清道光年间,林则徐在广东禁烟抗英,与总督邓廷桢屡败入侵英军。由于清政府的软弱无能,禁烟终于半途而废,林则徐被革职,抗英的兵勇也遣散,他们四散海上,无以生计。其中有布兴者,带领一部分人,游弋至台州沿海,靠抢劫为生。其船,形如蚱蜢,人称"蚱蜢艇",并把船涂成绿色,故称"绿壳船","绿壳船"上的人就以"绿壳"指代。因此,绿壳颇似"强盗""土匪"之类。

扁头王

莨泐民众对随便欺负别人的人往往说这么一句话:"什么,你家里坐着扁头王啊!"这句话的意思和"什么,皇帝算你老子啊"相似。

问题一是,"王"为什么是扁头的?原来,在我国古代,西域一带有些国家为了标明王族血统的高贵,与普通百姓不一样,王族小孩一出生,便用木板夹其头颅,使之额头扁平。我国唐代伟大的旅行家玄奘在他的《大唐西域记》中就有记载:说在龟兹,王族小孩一出生,"龟兹王旋用木板夹头颅,使之扁平,王旋标记"。科教片《消失的古国——绿洲佛国》(龟兹上、下)中,考古专家在库车发现一座古墓,彩棺中安葬着一位二十多岁的女子,此彩棺埋于塔基,女尸的颅骨前额就是扁平的。现在的库车县城就是古龟兹的王城,考古发现与玄奘《大唐西域记》的记载相符。

问题二是,莨泐的民众怎么会流传这句口头禅?笔者猜测,这句话很可能出自说大书的(评书)或演戏的。因为这句话言语直白,且击中要害(扁头王就是今天讲的"权势"),又很形象,所以民众乐于用它,传播得很广。

　　葭沚民众中至今仍流行着小孩(尤其是男孩)的头带点扁平是蛮有趣的审美观。有些人家在小孩出生后,有意识地用一块平板给他当枕头,使小孩的后脑勺有些扁平。但前额是不压的,人们也不喜欢前额扁平。

鲤　九

莨泲民众对鲤鱼有一种特殊的情感,称鲤鱼为鲤九。传统文化中,九为最大的阳数,是数之尊,"鲤九"意谓鲤为鱼之尊。汉代刘向的《列仙传》中就有九鲤仙、九鲤湖一类的传说。

莨泲民众在祭祀上供时要用活鲤鱼,认为鲤鱼有与天地、生死交感通灵的作用。因此,古人把书信又称为"鱼书"。唐人段成式有诗云:"三十六鳞充使时,数番犹得裹相思。"诗中"三十六鳞",是指鲤鱼脊中鳞因"从头至尾,无大小皆三十六鳞",故用三十六鳞指代鲤鱼。

陶弘景《本草》曰:

> 鲤鱼最为鱼之主,形既可爱,又能神变,乃至飞越山湖……

晋人崔豹曾对各色鲤鱼的别称作过记述:

> 兖州谓赤鲤为赤骥,谓青鲤为青马,谓黑鲤为黑驹,谓

白鲤为白骐,谓黄鲤为黄骓。①

这个记载说明古人对鲤鱼在人间、仙界交通中乘骑职能的认定。

此外,葭沚民众对鲤鱼有特殊情感的原因,除上述道家文化影响外,还有"鲤"与"礼"谐音。中国是礼仪之邦,"诗礼传家"是很光彩的事,"鲤祭"是"礼制"的物化表现,还认为鲤鱼有变化升迁的功能,如"鲤鱼跳龙门""鲤九化龙"等,都是吉祥的变数。

鲤鱼为尊,唐代犹甚。唐盛行"鲤鱼袋"之俗,朝廷常以紫金鲤鱼袋作为对臣民的赏赐。此外,唐代曾一度颁布禁食鲤鱼之律,《酉阳杂俎》载:

国朝律,取得鲤鱼即宜放,仍不得吃,号赤鲜公。卖者杖六十。言鲤为李也。

---

① [后唐]马缟:《中华古今注》(卷下)。

和合二仙

在民国和解放初,葭沚人的婚礼请柬上常见的图案为"和合二仙":蓬头笑面的二童子,一个手擎荷花,一个手持圆盒,以"荷""盒"二物谐音"和合"。

"和合二仙"的职掌随着时代的变迁而不断地改变。唐、宋时,"和合二仙"被称为"万回哥哥",并作为行神(行路之神)而被祀奉。至明代,这一信仰渐渐消隐。明代田汝成《西湖游览志余》卷二三载:

> 宋时,杭城以腊月祀万回哥哥。其像蓬头笑面,身著绿衣,左手擎鼓,右手执棒,云是和合之神,祀之可使人万里外亦能回来,故曰万回。今其祀绝矣。

万回,唐代僧人,俗姓张氏,贞观六年五月五日生,因其能日行万里而得号。《酉阳杂俎·贝编篇》载:

> 僧万回,年二十余,貌痴不语,其兄戍辽阳,久绝音问,

或传其死,其家为作斋,万回忽卷饼茹,大言曰:"兄在,我将馈之。"出门如飞,马驰不及,及暮而还,得其兄书,缄封犹湿。计往返一日万里,因号焉。

明代以降,和合二仙的职掌从戍边与商旅之家祈祀远行亲人早日平安归来,转为象征财富、婚合、和睦。

在江苏南通地区流行一种《招财和合利市》纸马,画中财神与利市神分立"聚宝盆"两侧,上面为"和合二仙"图,二仙所执之物,一为宝莲,一为宝盒。

《周礼·地宫·媒氏》疏云:"天施地化,阴阳和合。""和合"本有男女、阴阳相和相合的合欢之意,因此旧婚礼上多悬"和合二仙"图,以取和谐好合之意。

《三教源流搜神大全》说:"万回圣僧,和事老人。"强调和事、和睦职掌。

清人翟灏《通俗编》卷十九云:

> 国朝雍正十一年,封天台寒山大士为和圣,拾得大士为合圣。

雍正之举显然与"二圣"传说有关:传说寒山、拾得亲如兄弟,寒山年稍长,拾得爱上了一位姑娘,而媒人却将此女说亲与寒山。寒山并不知原委,临婚闻知乃悄然出走,来到苏州削发为僧(原在天台山)。拾得亦重义,乃别女往觅寒山。探得寒山行处,拾得摘荷前往,寒山拿斋盒出迎,二人相见而舞。此后,二人在此开山立庙,曰"寒山寺"。二圣被封,乃是雍正为民间树立"和睦"榜样。

九尾狐狸精

葭沚人把那种长有几分姿色且诡计多端、阴险毒辣的女人称作九尾狐狸精。

狐狸精又叫狐仙,传说可幻化人形。狐狸精最早以祥瑞形象出现,上古时即有狐图腾崇拜。传说大禹治水时经过涂山,见九尾白狐,就在涂山娶妻生子。其子启,后来建立了夏朝。

狐狸在先秦两汉地位尊崇,与龙、麒麟、凤凰并列四大祥瑞。汉代石刻画像及砖画中常有九尾狐狸和白兔、蟾蜍、青鸟并列于西王母座旁,以示祯祥。还有人总结说狐狸有三德:毛色柔和,身材前小后大,死时头朝自己的洞穴,不忘根本(狐死首丘)。

汉以后,狐狸地位急剧下降,成了淫兽。

汉晋时期狐仙故事开始出现,像《搜神记》就有许多这样的故事,描写狐仙虽然神通广大,但有怕狗、有臊气、变形后乃留有尾巴等属性。

为何古典文学里的狐狸会升格为狐仙呢?原来狐狸这种动物生性好奇,喜欢收藏些小玩意儿,尤其是女性饰品。人们捕获狐狸后发现这些东西,就误以为狐狸成精后会变成女性,专门迷惑、勾引男人。狐狸精之说便由此而来。

葭沚人九尾狐说法的直接导因是戏曲，如《封神榜》，该书说：纣王荒淫无道，竟在女娲神像前调戏她，说女娲倘为血肉之躯，封她为正宫娘娘。此语激怒了女娲，认为这样的无道昏君怎么可以坐百姓江山呢？因此放出九尾狐狸精、玉石琵琶精、雉鸡精去扰乱纣王江山。其中九尾狐狸以苏护女儿的身份献进宫中，这便是妲己。琵琶精、雉鸡精此后相继登场，共同陷害朝中忠良黄飞虎、比干等人，最后导致商朝灭亡。这种故事通过书场评书、戏曲舞台的演出，"九尾狐狸精"便慢慢成了百姓的口头禅。

至于民间故事、古典小说（如《聊斋志异》）中也有很多有关狐狸精的故事，但都不曾说九尾狐狸。

越人是东夷的后裔。《古本竹书纪年》：柏杼征于东海，及王寿，得一狐九尾。

《吴越春秋》也称禹所娶的涂山女化身为九尾狐。可见，东夷族还有以狐为图腾的部落。

其实，葭沚人口头禅中的"九尾狐狸精"是作为东夷族后裔狐图腾的孑遗。

夏日话扇

夏日炎炎,暑气袭人,现在有空调、电风扇,以前人们就靠手中的扇子纳凉。夏天的扇子,人们是不轻易出借的,如有人要借,不借又说不出口,孩子们就俏皮地在扇子(尤其是纸扇)背面写上:"扇子有凉风,日日在手中,何人向我借,叫声老太公。"这语气摆阔做大,挡回了好多想借扇的人。

夏天葭汜人习惯手中拿把扇子,不仅能消暑纳凉,而且可驱赶蚊蝇,出门还可以遮风挡雨,有时还可以遮挡太阳,甚至当坐垫等。

不同材质的扇子扇出的风不一样,如体弱的老人、睡着的小孩、坐月子的产妇,他们既要风,但需要"暖风"(和风),就只能用蒲扇(用蒲草结的扇),而不能用芭蕉扇、竹篾扇等,因为它们扇出来的风是凉风。蒲扇破了,一般不丢,放起来,日后如有人"发冷丹"(得荨麻疹)可用它煎汤擦洗。

扇子源于何时,有种种说法。《说文解字》中说:"萐,萐莆,瑞草也,尧时生于庖厨,扇暑而凉。"扇子古代也叫"箑",最早大概是用萐莆叶做成的,后来用竹子做龙骨,所以改成竹字头。汉代扬雄《方言》说:"扇,自关而东谓之箑,自关而西谓之扇。其制起于轩辕氏、黄帝内传五明扇,王母所遗。"晋朝崔豹《古今注·舆服》则说:"五明扇舜所作也,既受尧禅,广开视听,求贤人以自辅,故作五明扇焉。"

商周时代,帝王外出巡游,通常用珍禽之翼制成"雉尾障扇"(长柄扇),以遮蔽阳光、风尘,显示威仪。此制延续至唐宋。

战国时,麈尾是高官名士在交际场合的所执饰物,叫"麈尾扇"。

汉代,扇子已普遍使用各种材质的扇子、各种形状的扇子。宫廷中用绢、纨等丝织品制作的圆形有柄扇,叫团扇,又名宫扇。

唐宋时,团扇在民间颇为流行。其中叠扇和腰扇的发展尤为注目。摺扇,正名叫摺叠扇,古称聚头扇或聚骨扇。《通鉴注》云:"腰扇即摺叠扇。"之所以叫腰扇,因为它可收拢,佩在腰间。北宋时,摺叠扇制作更加精美,以蒸竹为骨,夹以绫罗绢素。贵家以象牙为骨,饰以金银。至明代,摺扇大兴。明成祖喜其折叠便利。士大夫把它作为文玩,题诗、作画,互相馈赠,成为时尚。

扇既是实用物,又是艺术品。它和文学、艺术、美术、书法结下了不解之缘。西汉班婕妤有《扇》诗:

> 新裂齐纨素,皎洁如霜雪。
> 裁成合欢扇,团团如明月。
> 出入君怀袖,动摇微风发。
> 常恐秋节至,凉飚夺炎热。

弃捐箧笥中,恩情中道绝。

宋徽宗自作扇画,六宫诸邸竞相仿效,遂为风气。明代,摺扇流行,题书作画之风更加炽烈。扇面大都一面作书,一面作画。

扇子的用途,古之帝王用之障日蔽尘,以示威仪。汉时上流社会用以障面,不欲见人,叫"屏面"。唐代洛阳人家端午时节有互赠辟瘟扇的风俗。晋代有以扇为内容的歌曲名《团扇歌》。戏曲舞台上,扇是不可缺少的道具。如越剧舞台上的小生,把手中折扇一展,再腕过手来把扇子贴在后背一扇一扇,脚上配以方步,把风流倜傥的翩翩书生表演得淋漓尽致。小旦则手执团扇,在面部遮遮掩掩,体现封建社会大家闺秀的含羞、不轻易抛头露面以及笑不露齿等女性修养。武夫则把扇子折着插在脖子的领口中,热了,一手撩着衣襟、敞开胸脯,对着胸脯拼命地扇,把武夫的鲁莽演示得妙趣横生。时下,扇子又普遍作为健身的道具,有木兰扇、太极扇,等等。

"吴兴团扇名天下",吴扇在魏晋时已享盛名。唐代,"扇市"已有相当规模,唐人李淖《秦中岁时记》载:"端午前两日,东市谓之扇市,车马特盛。"明清时期,金陵扇、吴越扇、川扇、弋扇、湖扇都是畅销全国的名扇。

总之,扇子在我国已不限于消暑工具,而是一种重要的工艺美术品和文化的表征了。

鱼博戏

近一两年,葭沚也有人玩起了斗鱼。斗鱼,在民间属博戏活动,宋代以后,流行于我国南方,明、清两代尤为兴盛。宋人张世南的《游宦纪闻》载:三山溪中产小鱼,斑纹赤黑相间,里中儿豢之角胜负为博戏。

作为斗手"丁斑鱼",据明人陈懋仁《泉南杂志》载:

> 斗鱼大如指,长二三寸,花身红尾,善斗。人家盎畜之,俗呼"丁斑鱼"。

在《泉州府志》中,亦有斗丁斑鱼的记载:

> 丁斑鱼生坑谷间,长仅二三寸,善斗。相遇辄腮鬣怒张,展转交噬,移时不释。乡人多盆畜之,以角胜负。此为闽南斗鱼之戏,而苏南的游侠儿则有畜斗波斯鱼者。

有关波斯鱼,潘庚生《亘史》载宋文献云:

予客建业,见有畜波斯鱼者,俗讹为"师婆鱼",其大如指,鬐具五彩,两腮有小点如黛,性矫悍善斗。以二缶畜之,折藕叶复水面。饲以蚓、若蝇、及蚊。俟鱼吐泡叶畔,知其勇可用,乃贮水大缶,合之。各相鬐相鼓视,怒气所乘,体拳曲如弓,鳞甲变黑。久之,忽作秋隼击,水声泙然鸣,溅珠上人衣,连数合复分。当合如矢激弦绝,不可遏。已而相纠缠,盘旋费解。其或负,则胜者奋威逐之,负者惧,自掷缶外,视其身纯白矣。

这段文字,使斗波斯鱼的场景、情态、过程、胜负跃然纸上。

唐代的文人把鱼戏引入酒令,衍生出"钓鳌"酒令。《说郛》四十四引宋章渊《稿简赘笔·酒令》曰:

唐人酒戏极多,钓鳌竿,堂上五尺,庭前七尺,红丝线系之。石盘盛诸鱼四十品,逐一作牌子刻鱼名,各有诗于牌上,或一钓连二事物,录事释其一以行劝罚码。……《巨鳌诗》云:"海底仙鳌难比俦,黄金顶上有瀛洲,当时龙伯如何钓,虹作长竿月作钩。"

历史再往上推,汉、隋的"鱼龙曼衍"是鱼戏中最壮观的。在山东沂南出土的一块大型画像石的中部刻有"鱼龙曼衍"的场面:右前方为一巨鱼,鱼后立二人,鱼前一人半跪,似用肩撑扛巨鱼,三人均手举摇鼓;左前方为一奔龙,一人站高处持长竿驱使之。图中另有吹笙者、击磬者、吹笛者、击拍者、走独木桥者、倒立者、扮怪兽者、摇树者等,场面极为壮阔。张衡的《西京赋》曰:"霹雳激而增响,磅磕象天威,百兽百寻为曼衍,海鳞变而成龙……"戏中百兽陈列以烘托鱼变化成龙的主题及欢腾的舞台气氛。汉、隋两代均曾以此"鱼龙曼衍"招待外国使臣。《汉书》六十六"西域传下"载:

> 设酒池肉林,以飨四夷之客,作巴俞、都庐、海中砀极、曼衍鱼龙、角牴之戏,以观视之。

至今仍流行于陕西省三原县的民间舞蹈《鱼龙变化》和流传于广东省番禺县、澄海县的《鳌鱼舞》,均与古代"鱼龙曼衍"之戏有承继关系。

从鱼占到气象预测

二十世纪六七十年代,葭沚栅蒲有个气象预测站。站里养着泥鳅、乌龟等水族动物,以观察它们的行动来辅助气象预测。

通过观察水族行为卜知未来、探测凶吉,古人叫作"鱼占",是巫术的一种。关于这方面的内容,今天能见诸文字的,如《山海经》:"见文鳐鱼,则天下大穰";"冉遗鱼,可以御凶";"飞鱼,可以御兵";此类为吉兆。"见蠃鱼,则其邑大水";"见鱄鱼、薄鱼、鳎鱼,则天下大旱。"此类为凶兆。

在其他资料中还可以见到不同的鱼占形式。其一,占水旱丰歉。认为鲇主晴、鲤主水,如《田家杂占》云:

> 车沟内鱼来攻水逆上,得鲇主晴,得鲤主水。谚云:鲇干鲤湿。

又认为鳜口占水旱;鱼服占雨;虾笼中有鳟鱼主风水;鲫鱼骨曲主水。《田家杂占》云:

民俗事象溯源

渔者网得死鳜谓之水恶,故鱼著网即死也。口开主水,立至易过;口闭来迟,水旱不定。……天将雨,其毛皆起。……虾笼中张得鳟鱼,主风水。……夏初食鲫鱼,脊骨有曲,主水。

契丹人也以牛鱼为岁占。《正字通》曰:

按《通雅》曰:牛鱼,北方之鲔类也。契丹主达鲁河钓牛鱼,以其得否为岁占。

其二,占人事。例如鱼斗帝崩,《隋书五行志》曰:

后周大象元年六月,有鲤鱼乘空而斗,犹臣下兴起,小人从之而斗也。明年帝崩,国失政。

又如:鳍死国亡,《十国春秋·南唐后主本纪》曰:

鳍者,鲤类,今死则国亡矣。

其三,占吉凶。例如,白鱼入舟为祥瑞(《宋书·符瑞志》《南齐书·祥瑞志》均载有白鱼入舟之事);鳗鱼出有疫灾,沈括《梦溪笔谈》载,越州应天寺有鳗井,称"凡鳗出游,越中必有水旱疫病之灾,乡人常以此候之"。又如,黄鱼、麑肉同食遭雷震等(《括异志》曰:"黄鱼同凫肉同食,立遭雷震")。

但有一点必须明白,栅蒲气象站借助于泥鳅、乌龟的行动辅助气象预测是建立在科学基础上的,而古人的鱼占是建立在迷信和俗信基础上的。

丰稔物阜的鱼形

在葭汕民众之中(尤其是渔民家中),好多生活用品、吉祥装饰等均用鱼形,如鱼形木枕、鱼图肚兜、鱼饰银簪、鱼状壁挂、小孩坐鲤年画、正月十五的鱼灯,诸如此类,都与鱼有关。

从社会发展史考察,鱼类食物是人类的第二种食物(摩尔根在其《古代社会》中把人类食物资源分为五种,依次为:天然食物、鱼类食物、淀粉食物、肉类和乳类食物、通过田野农业而获得的无穷食物)。仰韶文化、马家窑文化中就有"鱼游入网"的图案作为丰收的瑞征。《诗·小雅·鱼丽》有"鱼丽于罶""物其多矣,维其嘉矣"的句子。《说文句读》释"罶"为"鱼所留也,从网"。《尔雅·释地》亦曰:"鱼丽,言太平、年丰、物多也。"可见鱼形的意象同丰稔、物阜是连在一起的,承载着华夏先民以渔农经济为主体的文化信息,它表现为图腾意识。

四川涪陵白鹤梁石鱼题刻记录,是中古以来鱼兆丰稔这一鱼文化功能的最好例证。位于长江南岸的白鹤梁,千百年来其"石鱼"水标的出水,成为时人盼求的吉星。乡民为之奔走相告,文客为之刻诗题咏,一时间仿佛迎来了丰收的庆节。宋人乐史

的《太平寰宇记》载:

开宝四年黔南上言,大江中石梁上有古刻云:广德元年二月江水退,石鱼见,部民相传丰稔之兆。

宋人庞恭孙题记曰:

大宋大观元年正月壬辰,水去鱼下七尺,是岁夏秋果大稔,如广德、大和所记云。

宋、明诗人赵汝廪、张揖有诗云:

预喜金穰验,石鱼能免俗,江石有双鳞,沉浮验年岁。

及至清代,仍有大量题刻出现,如姚觐云记曰:

涪州大江有石梁,长数十丈,上刻双鱼,一鱼三十六鳞。一衔萱叶,一衔莲花,或三、五年,或十余年一出,出必丰年,名曰石鱼。

另据葛洪《西京杂记》载:

昆明池刻玉石为鱼,每至雷雨,鱼尝鸣吼,鬐尾皆动。

汉世祭之以祈雨,往往有验。

可见,涪陵石鱼及题记与穰验信仰联系在一起,这是上古"鱼丽"为物多且嘉观念的传习。

孟姜女传说

孟姜女传说在我国可称得上妇孺皆知的民间文学作品,它内涵丰富,流布广远,历史悠久,在"四大传说"中最受注目。明、清以降,孟姜女的传说在我国东南地区得到充分的发展,其情节在哭倒长城、滴血认亲、捡骨归葬之后,又新增了秦始皇求娶、孟姜女施计、投水化鱼等新内容。

比如,流传于江苏吴县的孟姜女传说:孟姜女哭倒长城后,秦始皇见孟姜女美貌如仙,硬要娶她做妃子。孟姜女将计就计,要秦始皇在河边搭祭台、穿孝服、率领文武百官吊祭范喜良。吊祭那天,孟姜女在祭台上泪如雨下,眼泪落到台下河里,慢慢地变成了一条条、一簇簇白嫩似玉的小鱼,小鱼一直游向太湖。这就是著名的"太湖银鱼"。

葭沚有关孟姜女的流传有三个方面:一是孟姜女的故事;二是一至十二月的孟姜女小调;三是民间的孟姜女宝卷。

孟姜女的故事是说:以前,有个孟员外和姜员外隔墙而住,他们的花园也只隔一墙。一年春天,孟员外在自家墙边种了一株南瓜,南瓜藤爬上了墙,且在两家的隔墙上结出了一个大南瓜。秋天收获时,孟员外约姜员外说:"南瓜在我俩墙上结果、长大,现在南瓜该摘的时候了,我们把它摘下,切成两半,一人一半。"姜员外说:"南瓜是你种的,种瓜得瓜,你收吧,别分了。""既然南瓜生在你我墙上,大伙又都看着它长大,平分才是道理,否则有失偏颇。"孟员外说。姜员外执拗不过,两人把大南瓜抬到堂上,用大铡刀劈成两半。这时,南瓜里跳出一个拳头大的小姑娘,小姑娘随风长大,很快长成常人一样大小。孟、姜二员外都以为自己看花了眼,这时,正好孟、姜二员外的夫人也来到堂上,小姑娘向他们鞠了一躬,说:"我受你们的水土长大,你们就是我的亲生父母。"随后,又喊:"爹!娘!"这一下,乐得孟、姜二员外和夫人合不拢嘴,连呼:"女儿,我们的好女儿。"

二员外商议,总得给她起个名儿。孟员外夫人说:"就叫孟姜女吧,说明孟姜两家共有。"姜员外夫人也顺水推舟说:"说得也在理,瓜是孟家种的,孟姓应在前。再说,你们已年过半百,膝下无子女,这一下可好了。"

从此,孟姜女成了孟家的大小姐,孟家视她为掌上明珠。孟姜女不仅长得漂亮,且生性聪明。她勤劳能干,孝顺父母。

有一天晚上,孟姜女在闺房洗足,隐隐听到窗外树上有粗重的声音。她顺声仔细一看,原来是一个男子扒在树上。孟姜女喊来父亲,把树上的男子带到中堂,问其缘由。孟姜女在帘后一瞧,眼前跪的是一位落魄少年,虽然衣衫褴褛,却透出书香缕缕,甚是可爱、可惜、可怜悯。孟员外问:"大胆狂徒,年纪轻轻不学好,却做出爬窗偷窥之事。如把你移送官府,必遭治罪。"男子听说"要送官府",瑟瑟发抖。连连说:"别!别!慢慢听我说,我姓范,名喜良。我也是书香之后,岂不懂礼仪,岂不分君子、小人?只因家道破落,父母相继亡故,自己被叔叔卖丁,刚才官府兵丁抓我,我慌不择路,误入小姐花园,暂在树上一躲,绝无偷窥之事。"

此景此情,孟员外深信范喜良所说之言。想放了范喜良。此时,孟姜女拉着孟夫人的衣角说:"爹爹若放走范喜良,叫女儿以后如何做人?"孟夫人一见女儿满脸红晕,早已明白女儿心事。她在孟员外耳边嘟囔了几句,孟员外一手捻捻胡子,一边哈哈大笑,连说:"好!好!天赐良缘。"孟姜女听到"天赐良缘",就急急跑回了闺房。

孟家把此事告之姜家,姜家也觉得此事办得甚妥。孟姜女、范喜良择日完婚。这一天,大摆宴席,宾客满堂,称奇之声,不绝于耳。

还没过蜜月,消息已传到官府,官府暗中派人打探清楚,一个风高月黑之夜,范喜良被抓走了。

从此以后,孟姜女送寒衣、哭长城……故事链在不断延伸,内容在不断衍生。

关于孟姜女小调,从一月唱到十二月,其内容与江南其他地区基本相同。① 一般每月四句,调体属一段体"起、承、转、合"式结构,为五声音阶。如一月:

---

① 参见上海民研会编的《孟姜女资料选集》。

正月里来是新春,家家户户点红灯。

别家丈夫都团员日,孟姜女丈夫造长城。

一般的家庭妇女在缝衣服、纳鞋底时,会自个儿把孟姜女小调从一月哼到十二月。

关于孟姜女宝卷,不是一般家庭都有的。葭沚有几户文化人家里有,如《佛说贞烈贤孝孟姜女长城宝卷》,流传也不普遍。

由于种一株南瓜,引出那么多纠心事儿,这在葭沚民众的心中无意间投下了一片阴影。直至今日,葭沚民众种南瓜,怕异常,比如南瓜结得太多、长得太大等,以为这些都是不祥之兆。

鱼的巫术功能,以及宗教化、道德化

在葭沚的一些老年渔民中,还有人认为我们居住的大地是由水族(或鳌等)负着。水族是有灵性的,能与人相通,再加上自己每天与鱼打交道,所以对鱼等水族有一种特殊的情感。这种情感表现的方式之一,就是他们腰间常佩一块鱼形玉器,目的是消灾祈福,祈渔业丰收。

东夷族曾有过鱼图腾,大溪人含生鱼而葬。春秋战国时期,铜鱼从葬。唐、五代、宋的人首鱼身俑陪葬,其功能大致相同,就是鱼崇拜。

鱼与丧葬关系,赵宋时代是一个转折点。宋以降,丧葬重阴阳而轻明器,鱼的神使、辟邪、化生等作用被时辰、地理、方位等时空神秘观所取代,缘物寄情的复苏转世观让位于护佑子孙的风水说。因此,鱼因素大多伴随着堪舆之术的勃兴而敛迹。

以木石之鱼诱取真鱼,是常见的巫术手段。《论衡·乱龙篇》曰:

钓者以木为鱼,丹添其身,近水流而击之,起水动作。

鱼以为真,并来聚会。

今天,我们还能看到一些捕鱼的小木船,把自己描绘得像一条在水中游的鱼,就是这种巫术手段的遗留。

《太平广记》卷四六六"葛玄"中记有"书符掷水中",大鱼群至。这是巫术手段的宗教化。

至于传说的王祥卧冰求鱼、王延叩凌而哭致鱼出等,这是巫术向孝感的转化,是鱼文化的伦理道德化。

房屋正脊两端的鸱尾

直至今天,葭沚还保留有大量木结构的房子。这些房子正脊两端除了饰有"龙吻"外,还能见到饰有"鸱尾"的。

鸱,为鹞鹰。《正字通》说:"鸱似鹰稍小,尾如舟舵,善高翔。"《禽经》也说:"鸱以贪顾,以愁啸。"可见,中唐之前鸱并非后人称的"水之精"(唐苏鹗:《苏氏演义》卷上曰:"蚩尾水之精,能辟火灾,可置之堂殿。今人多作'鸱'字")。"其作为建筑构件的构图乃脱化于凤鸟。《说文》说:"凤之象也,鸿前麐后,蛇颈鱼尾……见则天下大安宁。"另外,《竹书纪年》也说:"国安,其主好文,则凤凰居之。"可见,鱼尾之凤为祥瑞之兆,汉人饰于屋脊以祈"天下大安宁"。由于"鸱尾"与"凤翼"都类似"鱼尾",故而发生了通代,于是在魏、晋、隋、唐初等多见鸱尾。

至唐宋间,鸱尾又作"蚩尾",或叫"水之精",或云仿天上"鱼尾星",附会上镇火怪、"厌火灾"之说。明清建筑的正吻多为"龙吻",也说明鱼文化在唐宋之后的衰微。

总之,鸱尾在中唐以前,形取鸟翼,意祈安宁。中唐之后,则鱼、龙交替,以镇怪免灾。前者求吉,后者避凶,托物相异,然意向趋同。

梁山伯与祝英台

梁山伯与祝英台也是家喻户晓的故事,尤其是故事的结局化蝶,更具有道家飞升的浪漫主义色彩。以出世的心态实现了"有情人终成眷属"的愿望,给后人留下了"人间难结连理枝,世外去结并蒂莲"的爱情之路。

从前,我们居所的周围都有空闲地,种着各种果树、蔬菜。果蔬花开季节,各种蝴蝶相互追逐、飞舞。有一种黑色的、长着白色斑点的大蝴蝶,始终成双结对,恩爱相伴,莨泚民众称之为"梁山伯与祝英台",从不捕捉和伤害它们,充分体现了人们对爱情的敬畏。

梁祝故事起源于何时,流布于什么地方?明人徐树丕的《识小录》云:

> 按,梁祝事异矣!《金楼子》及《会稽异闻》皆载之。

梁祝故事托始于晋(公元280—420)末,至梁元帝(在位公元552—554)采入《金楼子》大约一百五十年。这一百五十年

间,当时的社会风气如何呢?晋葛洪的《抱朴子》云:

> 而今俗妇女,休其蚕织之业,废其玄纴之务。不续其麻,市也婆娑。舍中馈之事,修周旋之好。更相从诣,之适亲戚。承星举火,不已于行。多将侍从,晔晔盈路。婢使吏卒,错杂如市。寻道褰谑,可憎可恶!或宿于他门,或冒夜而反。游戏佛寺,观视鱼畋。登高临水,出境庆吊。开车褰帏,周章城邑。杯觞路酌,弦歌行奏,转相高尚,习非成俗。

可见当时社会风气,妇女放荡得很。南宋刘义庆的《世说》也云:

> 潘岳,字安仁,妙有姿容。挟弹出洛阳道,妇人遇者,莫不连手萦之。又,岳每行于道,群妪以果掷之,常盈车。

可以想见,在这种放诞风流的社会环境中,出祝英台这样的事也不奇怪。再看看唐朝人的记载,《四明图经》云:

> 《十道四蕃志》云:"义妇祝英台与梁山伯同冢。"即其事也。

撰《十道四蕃志》的梁载言是唐中宗时人,在那时已称英台为"义妇"了。则"谢安奏表其墓曰义妇冢"之事,说不定在六朝时就有了。

清代翟灏《通俗编》卷三十七"梁山伯访友"条,引唐张读《宣室志》云:

> 英台,上虞祝氏女,伪为男装游学,与会稽梁山伯者,同肄业。山伯,字处仁。祝先归。二年,山伯访之,方知其为女子,怅然如有所失。告其父母求聘,而祝已字马氏子矣。山伯后为鄞令,病死,葬鄮城西。祝适马氏,舟过墓所,风涛不能进。问知有山伯墓,祝登号恸,地忽自裂陷,祝氏遂并进埋焉。晋丞相谢安奏表其墓曰"义妇冢"。

最早提到化蝶的资料,要算薛季宣的《游祝陵善权洞诗》了。诗中有两句:

> 蝶舞凝山魂,花开想玉颜。

而薛氏已是南宋绍兴年间的人了。此外,《桃溪客语》所引咸淳《毗陵志》,亦云:

> 昔有诗云:"蝴蝶满园飞不见,碧鲜空有读书坛。"俗传英台本女子,幼与山伯共学,后化为蝶。

关于梁祝故事的流传地、冢墓、祠庙,各处记载说法不一。

清代吴骞的《桃溪客语》卷一载：

> 梁祝事见于前载者，凡数处。《宁波府志》云：梁山伯，字处仁，家会稽。出而游学，道逢上虞祝英台，佹为男装。梁与共学三载，一如好友。既而祝先返。又二年，梁始归。访于上虞，始知其女也，怅然而归，告诸父母，请求为婚。而祝已许字鄞城马氏矣，事遂寝。未几梁死，葬鄞城西清道原（一云梁为鄞令而死）。其明年，祝适马氏，经梁墓，风雷不能前。祝知为梁墓，乃临穴哀恸，悲感路人。墓忽自启，身随以入。事闻于朝，丞相谢安请封之曰："义妇冢"。蒋熏《留素堂集》，清水县有祝英台墓，尝为诗以吊之。又，舒城县东门外亦有祝英台墓。今善权山下有祝陵，相传以为祝英台墓。何英台墓之多耶？然英台一女子，何得称陵，此尤可疑者也。又，《谈迁外索》云："鄞县东十六里接待寺西，祀梁山伯，号'忠义王'云。"

清焦循《剧说》云：

> 《录鬼簿》载白仁甫所作剧目，有《祝英台死嫁梁山伯》。宋人词名亦有《祝英台近》。《钱唐遗事》云："林镇，属河间府，有梁山伯祝英台墓。"乾隆乙卯，余在山左，学使阮公修《山左金石志》，州县各以碑本来，嘉祥县有《祝英台墓碣文》，为明人刻石。丙辰客越，至宁波，闻其地亦有祝英台

墓,载于志书者详。其事云:"梁山伯祝英台墓,在鄞西十里接待寺后,旧称'义妇冢'。"又云:"晋梁山伯,字处仁,家会稽。少游学,道逢祝氏子,同往肄业。三年,祝先返。后山伯归,访之上虞,始知祝为女子,名曰英台。归告父母求婚,时已许鄮城马氏。山伯后为县令,婴疾勿起,遗命葬鄮城西清道原。明年,祝适马氏,舟经墓所,风涛不能前。英台临冢哀恸,地裂而埋璧焉。事闻于朝,丞相谢安封'义妇冢'。"

明代的张岱《陶庵梦忆》卷二则云:

己巳至曲阜,谒孔庙,买门者门以入,宫墙上有楼牟出,匾曰"梁山伯祝英台读书处",骇异之。

近代魏建功在朝鲜时曾写信给钱南扬,信说:

梁山伯祝英台故事,此间有印本,惜为朝鲜文。弟已得其一,乞假时日,翻出奉寄。

明张时彻嘉靖《宁波府志·鄞》:

义忠王庙,县西十六里接待亭西,祀东晋鄞令梁山伯。山伯故有墓在焉。详遗事志。安帝时,孙恩寇鄞,太尉刘裕梦山伯效力,贼遁去,奏封"义忠王",令有司立庙祀之。宋大观中,知明州事李茂诚撰记。

由此可见,梁山伯与祝英台的故事流布甚广,传播甚久,增饰甚多。

祈　梦

　　葭沚民众有祈梦习俗，一般都与护寿相伴。比如，逢观世音生日，寺院、庙阁等都要举行佛事，诵经、礼拜，有些还演戏，活动一般为一日一夜。白天是功德佛事，夜里的活动称"护寿"，即求佛（或菩萨）保护一家人的平安、健康。夜间，即使在诵经也总会断断续续地打瞌睡。由于睡不踏实，所以梦特别多，做的梦都与你的一门心事有关。有些人的心结解不开，希望在梦中得到佛（或菩萨）的指点和启示，这就是祈梦。

　　祈梦的风行是明朝英宗正统年间的事，它的发生地是杭州（今浙江省杭州市），后来在各地不断流布，当然也包括葭沚。

　　明英宗正统年间，中央六部中的兵部尚书是刚正不阿的于谦。由于于谦的直言和容不得奸臣，所以周身对他的积怨甚多。结果，那班奸臣秘密开了个"蟠桃会"，决心要拔去"眼中钉"。他们有组织、有计划地设计今天你去上奏本，明天他去密奏，后天又有人去放话，说于谦要谋反，并打点钱财，买通"君侧"，不断给英宗吹耳边风。

　　明正统十四年（公元1449年），曾有什么瓦剌入寇。英宗因误听太监的话,就举兵亲征。没战多久,就驾陷土木,被瓦剌国的兵丁俘虏去了。于谦得知,立即调遣各路大兵,把叛寇打退,救出英宗,但已时去七年。英宗出来,不分青红皂白,准了奸臣的蒙奏,定于谦谋反罪,下旨"弃籍市曹",将他杀害。

因为于谦死得冤,人们要去挖原因。于谦是杭州人,他年幼时,在冬至那天随其父去乡下扫墓。回来时,因太迟了,进不了城。于是,他随父亲一同到庙里寄宿。不料于谦在庙里得了一梦。翌日回家,他把梦中的内容对嫂子说了一遍,并要嫂子为他解梦。他嫂子也不懂解梦,只是含含糊糊地说,你长大以后要做六部大官。于谦还缠着问嫂子,六部大官大到什么样。嫂子其实不甚明白"六部",有些烦,就说,做了大官就要死。于谦再也不问了。于谦嫂子的这番戏言,不料应了于谦的人生历程。此事传开,杭州人纷纷说寺庙祈梦很准。再说于谦死后不久,英宗也被事实唤醒,知道自己错杀了有功之臣。为了补过,就复了于谦的官职,并封他为天下都城隍。杭州官员奉了圣旨,就造起旌功牌坊,将于谦住宅(在杭州祠堂巷)改建为天下都城隍庙宇。此庙落成,到每年冬至前一天,就有负铺盖、秉香烛的祈梦人,有些甚至跪到于谦墓房为宿祈梦。冬至夜那天将晚时,那条路上可以见到手提灯笼、肩负铺盖的祈梦信士们赴庙祈梦(于谦坟在西湖茅家埠)。

变死·傍生人·死猫挂树上

变死：原义为往死的方向变。浙江民间习俗认为，一个人生理上病到一定程度，会导致心理不平衡，情绪失控。即使本来性情平和的人，会变得突然暴躁，视亲人如仇人，冷人心肝，这叫"变死"。葭沚民众沿用这个习俗的含义，把一个人突然间变坏称为"变死"。

傍生人：原为佛教用语。佛教认为众生根据生前善恶行为有六种轮回转生的趋势，即地狱、饿鬼、畜生（也译"傍生"）、人、天、阿修罗。简言之，傍生，即畜生；傍生人，即衣冠禽兽。葭沚民众把那些与有家庭的人搞暧昧的人称作傍生人。傍生人的舆论指责，反映了葭沚民众对家庭婚姻生活的忠贞不二，公认第三者不是人，是畜生。

死猫挂树上：以前，葭沚家庭（或一个院子里）有养猫的习惯，目的是抓老鼠（不是时下的宠物）。有时猫的过分打闹，或贪吃等，惹得主人不高兴，就骂猫：把你挂树上了！在猫听来，就是"绝你的命！"所以它很快就躲起来了。为什么死猫不是埋掉，而是要用绳子吊脖子挂在树上呢？江浙民间（如富阳、江苏淮安等地)有种说法,猫有七条命,如果死猫随便丢或埋,它又会活过来。这种还魂猫如果从人尸体上跳过,尸体就会站立走路,直到死抱住一个人倒下。所以人们非常讨厌还魂猫,如何使死猫不变为还魂猫呢?民间最简便的方法就是用根绳子系在死猫脖子上,把它挂在树上,亲眼见它皮肉腐烂,骨架散地。这样,"借死还魂"也就不存在了,也就放心了。

蛮新妇·抱柱础

时下,婚礼大都包给婚庆公司承办,结婚仪式、喝喜酒等都在大酒店里进行。司仪把一切都设置好了,结婚就像夫妻双方做"填空题"一样简单。以前,结婚都在自己家里,新娘、新郎拜堂的场所叫"花堂",一般放在院子的中堂间,布置花堂俗称"搞花堂"。新郎、新娘拜过堂后,由伴娘、伴郎引入洞房(俗称新妇间)。蛮新妇由此开始,一帮一帮的男青年(尤其是未婚的男青年)来"望新妇"。他们开头的一句话是"棉花要弹,新妇要蛮",这是天经地义的事。招待的人叫他们坐下,给他们敬香烟,再叫新妇给他们点香烟。有的把火柴头弄湿,新妇无论如何点不着,这样新妇要受罚,怎样罚,由蛮新妇的客人说了算。有的把小鞭炮塞到香烟中,新妇点着吓了一跳,引得哄堂大笑。有的用一根线吊着一块糖,要新郎、新娘同时舔糖。有的要新娘学蛮客的"绕口令",比如"文王磨墨墨乱抛"。新娘如不知其中的机关,一念出口,又引得哄堂大笑,因为这句话的谐音是一句不雅的俏皮话。诸如此类,不一而足。当然,有时也会发生僵局,双方相持不下。这时招待的人会出来替主人家向蛮客赔礼道歉,敬烟敬茶,并欢迎他们隔天再来。这一晚上,只要蛮客的言行不出格,说俏皮话、嬉戏话、出难题等都受人们(包括主人家)欢迎,他们追求的是场面的红火、热闹(颇有点中国愚人节的味道)。

酒阑人散之后,蛮客也夜深归去。在关洞房门之前,新娘还有个"送位"(送位又叫"送谓",即公媳、婆媳互送"称谓"。简单地讲,即婆媳、公媳确定相互间如何称呼。称呼定了,在家庭伦理中的地位也就定了。所以又叫"送位")节目,这个节目的难关是由新郎相好(以前葭沚快到结婚年龄的男青年,一般由八人自愿结成相好。八人代表"八仙","相好"相当于把兄弟)设置的,要求新妇抱着石柱础(造屋时放木柱的石墩,以防木柱腐烂。形状有的鼓形,有的方块形等)从花堂一头走到另一头。这也是以前婚礼中最精彩的一幕,也是最考验新娘的一关(因为新娘如果有孕,抱着那么重的石柱,从这一头走到那一头,很可能要小产)。

蛮新妇与抱柱础的文化源头是人类早期的"劫夺婚"。人类处在氏族部落时期,为了保证自己氏族部落不受退化,必须排除血亲(氏族部落内部成员之间通婚),到外族去"劫夺"女子。外族也戏剧性地设置一些障碍,这样使婚姻显得更有"劫夺""抢亲"等战争色彩。在"蛮新妇"中,新妇代表被劫的外族女子;蛮客代表本族成员,从本族利益出发,测试她的智慧和才能,以期为本族劫娶进一位好女子。在"抱柱础"中,新妇代表的角色不变,新郎的相好代表本族成员,通过"抱柱础"这种游戏设置,防止新娘把外族血亲后裔带入本族(如果新娘怀有其本族血亲胎儿,通过抱柱础把他流掉)。

从"鸭焖芋"推测中秋节的起源

直到解放初,葭沚民众在中秋节时,经济条件好的家庭才能吃鸭焖芋。至于中秋节吃月饼那是后来的事。到中秋,农家的新鸭已长大,芋艿已坐实,中秋吃鸭焖芋是对"春华秋实"的享乐,也是对"春播秋收"的肯定。

由于鸭、芋都与农字有关,我推测中秋节的起源是否与农家有关。《礼记》说:

> 天子春朝日,秋夕月。朝日以朝,夕月以夕。

天子的"夕月"恐怕就是中秋节的庆祝。《周礼》说:

> 中春昼,击土鼓,龡豳雅以逆暑。中秋夜迎寒,亦如之。凡国祈年于田祖,龡豳雅,击土鼓,以乐田畯。

由此可知,中秋节的起源,由于田神(郑司农说:"田畯,古之先教田者",可作佐证)的迷信。迎寒迎暑,都是定期的祈年。以后中秋节令,遂成风俗。

中秋节日的起源,本起于祭祀先农的典礼。中秋节发展为以爱情、团圆为核心的内容,这大概与唐代的唐玄宗(唐明皇)有关。唐王仁裕《开元天宝遗事》说:

> 中秋夕,上与贵妃临太液池,望月,不快,遂敕左右于池西,别筑百尺台,来岁望月。

此段记载,唐玄宗把中秋节、爱情、团圆连在了一起。再唐郑处海《明皇杂录》说:

> 上與太真叶法静八月望日游月宫,少顷,见龙楼雉堞,金阙玉扉,冷气逼人。后西川奏其夕有天乐过。

又,《唐逸史》说:

> 罗公远,鄂州人,开元中秋夜侍明皇于宫中玩月,奏曰:"陛下莫要至月中看否?"乃取拄杖向空掷之,化为大桥,其色如银,请明皇同登。约行数十里,精光夺目,寒气侵入,遂至大城阙。公远曰:"此月宫也。"见仙女数百,皆素练宽衣,舞于广庭。明皇问曰:"此何曲也?"曰:"霓裳羽衣曲也。"明皇密记其声调,遂回。却顾其桥,随步而灭。旦召伶官,依

其声而作《霓裳羽衣》之曲。

后来,民间的赏明月、祈团圆、吃月饼,乃至降仙活动大概与此有关。

日 记

日记的起源很早,清代的张荫桓认为汉代已有出使日记,说"陆生使越,苏武使匈奴,张骞寻河源,陈汤、甘延寿定郅支,博征约记,史佚之耳"。

赵宋时代,学者文人撰写日记,已蔚然成风。如路振出使契丹,著《乘轺录》;欧阳修贬夷陵,写《于役志》;黄定坚贬宜州,作《宜州乙酉家乘》等。康王南渡后,宋金战盟迭起,宋廷屈膝求和。周必大著《亲征录》,楼钥著《北行日记》。记游日记中,擅长丹青妙手之誉者,允推陆游《入蜀记》、范成大《吴船录》等,其对后世散文领域产生了深远影响。如清初诗人王士禛仿吴船体,撰《南来志》,王钺沿入蜀体,草《粤游日记》。陆游日记,远播海外。

宋代,日记多有散佚,如王安石、曾布(曾巩之弟)、陆秀夫等日记,均荡然无存。

元代日记,留存极少,存于今者,要算郭畀的《云山日记》,竺可桢曾援引其记气象部分。

明代二百七十年间,可以说日记作者繁兴,就亲身经历记载战况的,如张瑄、袁彬等;叙日常游历的,如徐宏祖、黄宗羲等;述朝政典故的,如文震孟、谈迁等;志读书生活的,如萧士玮、陆世仪等;有关园林掌故的,首推潘允端;详载晚明史实的,有叶绍宏、祁彪佳等日记。祁彪佳的《祁忠敏公日记》,记载了从崇祯到弘光年间晚明史实,特别是所纪南都建国经过,亲历目睹,确凿可信。

清代三百年间,日记作品趋于鼎盛,多达七八百种,内容涉及政治、经济、文艺、纪游、外交等等。

日记,亦文亦史,语言真率,及时记录,标明时间,内容较为翔实,参考价值较高。

糍粑与饼

葭沚人喜欢吃糍粑(葭沚民众习惯称"磨糍"),以前,春节前捣几臼磨糍,晾干后放在水缸里,一直吃到开春。磨糍吃法多样,常见的有加工成鸡籽(鸡蛋)磨糍、夹馅磨糍、菜汤磨糍等。葭沚人同样喜欢吃饼,常见的有糯米饼、麦饼、发饼等。

在我国古代,"饼"是各种面食的总称。《说文解字》说:"饼,面餈也。""餈",后来写成"糍"。所以,"饼"是把稻米捣碎以后制成的食物。南方人常吃的糯米糍粑就是其中之一。

上古时期,人们以稷、黍、麦、菽、稻等为主食。由于磨盘尚未发明,吃面食不易。

到了汉初,吃面食的记载就相当多了。饼铺与酒肆同时出现在街市上。

魏晋以后,饼的花样已很多,有笼屉蒸的煎饼。开始是死面(未发酵的),所以有"牢丸"之称。后来,人们学会了发酵,发酵过的面饼叫"起面饼"。在晋代,能吃上这种"十字裂"的开花饼,那是件奢侈的事。蒸饼的形状,有扁也有圆,圆的就是今天的馒头。

宋代,宋仁宗名"祯","蒸"与"祯"字音相近,于是宋代的蒸饼叫"炊饼"。《水浒传》里武大郎卖的炊饼,也就是蒸饼,或许就是今天的馒头。馒头里边夹了馅,就是包子。宋代包子铺已很普遍了,《水浒传》中的孙二娘开黑店,就卖人肉包子。

用火烤出来或烙出来的饼叫炉饼,撒上些胡麻(芝麻)的,叫胡饼或麻饼。唐时,京城里的胡麻饼又香又酥,白居易诗《寄胡饼与杨万州》中的"胡麻饼样学京都,面脆油香新出炉"就是佐证。这就是今天的烧饼。

放在水里煮的叫汤饼。晋代束晳的《饼赋》说:"玄冬猛寒,清晨之会,涕冻鼻中,霜成口外。充虚解战,汤饼为最。"那时做汤饼,用一只手托面,另一只手撕面,在锅边按扁,放进水中,所以又叫"飥",煮出来的就像今天的面片汤。后来,有了擀面杖,不再用手托了,所以叫"不托",也写成"馎饦"。"馎饦"后来成了面条。

馄饨的起源较早,隋初的颜之推说:"今之馄饨,形如偃月,天下通食也。"饺子可能到六朝时才出现。

杨府大神与历史上的杨继业及戏曲中的杨老令公

以前,葭沚东岸有个杨府庙,后来为椒渔公社浦东渔业大队队部,现已易建为其他楼房。原杨府庙里供奉的是杨府大神,也就是民众熟悉的杨家将。

杨家将抵抗契丹和西夏侵扰中原的斗争事迹,在民间流传已有九百多年了,人称"一门忠义"。直至今天,电视台、戏曲舞台还经常播出(演出)杨家将故事,人们最熟悉的莫过于《穆桂英挂帅》《醴陵碑》《辕门斩子》等。但作为史实的杨家将与戏曲小说中的杨家将并不完全相同。

赵宋建国后,经过近二十年的时间,到公元979年才灭掉北汉,统一全国。但被石敬瑭割让给契丹贵族的幽、云诸州,仍未收复。契丹族建立了辽政权,一直是北宋北方最大的威胁。宋仁宗时,党项族在西北建立的夏政权,也不时向北宋发动进攻。时势出英雄,杨家将就是这样时势下的英雄。

戏曲中的"杨老令公",史实中确实有其人,叫杨业(？—986),原名重贵,并州太原人。杨业早年在北汉国主刘崇下为官,刘崇赐名刘继业。太平兴国四年,宋太宗赵光义招降了他。恢复了"杨"姓,单名"业"。宋太宗鉴于他"老于边事,洞晓敌情",任命他为代州(山西代县)刺史,兼三交(太原市北)驻泊兵马部署指挥官,而三交驻泊兵马部署(边防总司令)是潘仁美,潘仁美就是戏曲中的潘洪。在后周时,潘仁美和赵匡胤交谊甚厚。北宋建国,潘仁美曾率兵下湖南,征岭南,克金陵,并以统帅身份,攻下太原。潘仁美的第八个女儿嫁给韩王恒(就是后来的宋真宗),被封为莒国夫人。戏曲中说潘仁美是皇亲国戚是对的;说他是国丈(宋太宗岳父),与历史不符。

雍熙三年(公元986年),杨继业仅用两个月时间就收复了云州、应州、寰州和朔州。潘仁美和监军王侁嫉妒杨继业,令杨继业出兵雁门。临行前,他与潘仁美约定,预先派一千名弓弩手埋伏在陈家谷口两侧,杨把辽兵引入谷口,左右夹攻。当杨继业把辽兵引入谷口时,潘仁美和王侁早已离去。杨继业在朔县附近的狼牙村被辽军俘获,于是绝食三日而死(《东都事略·杨业传》)。戏曲中说"杨老令公碰死醴陵碑"与史料记载不同。此事,宋太宗对于潘仁美的处分,只是削去了他三个虚衔,把王侁革了职。人们对此愤愤不平,有人把杨家将的事迹编成戏曲小说。

根据史书记载,杨继业有七个儿子,有事迹可考的是杨延昭,也就是戏曲小说中的杨六郎。

杨延昭(公元958—1014),原名延朗,因避道士赵玄朗讳(宋真宗尊赵玄朗为圣祖),改名延昭。

景德二年（公元1005年），杨延昭被北宋政府提升为保州（河北保定市）防御使，不久，调任高阳副都部署。高阳关是当时北方边防重镇。它北面的三关：瓦桥关、益津关、淤口关，就是前哨阵地。杨延昭在这里驻守九年，戏曲中总说他"镇守三关"，就是这三关。

传说杨延昭手下有两员大将——孟良和焦赞，与他亲如手足。孟良、焦赞因去辽邦盗取"杨老令公"骸骨，双双丧命，杨延昭也因此忧伤而死。京剧《洪羊洞》演的就是这个故事。

杨家将的第三代，宋李焘《续资治通鉴长编》卷八十二：延昭死后，宋真宗"官其三子"，但没记名字。《宋史·杨业传》也说延昭有三子，但只提"子文广"，其他二子没提名字。根据以上史书记载，杨家将第三代英雄人物应是杨文广。但民间传说则谓延昭之子名宗保，杨文广为杨宗保之子。元徐大焯《烬余录》有延昭子名宗保之说，明王世贞《宛委余编》亦有此说。

杨文广（？—1074），字仲容，曾被经略陕西的范仲淹所擢用，在其帐下做过镇将。皇祐四年（公元1052年），又跟随大将狄青南征，任广西钤辖。神宗熙宁元年（公元1068年），在西北为秦凤副都总管。文广晚年被调到河北，做定州路副都总管。

关于戏曲中的"杨老令婆佘太君"，据毕沅《关中金石记》载："折太君，德扆之女，杨业之妻也。墓在保德州折窝村。"乾隆年间修的《保德州志》载：

折太君墓在州南四十里折窝村。北宋纪说曰，杨业娶府州折氏,称太君。岂其父为麟州刺史,又为火山军节度使,业后为代州刺史,皆距此不远,故缔姻卜地于此与?……考岢岚志载,折氏,系德扆女,性警敏,尝佐业立战功,后上书陈业战殁之由。以原籍曾属岢岚耳。

戏曲中的佘太君确有其人,由于西北人念"折"为"佘",后来刻本小说就把"折太君"误写成"佘太君"了。

戏曲小说中最叫人津津乐道、最精彩的杨家将人物要算穆桂英。她武艺超群,掌杨家帅印,攻破辽军天门阵,辗转幽州战场。穆桂英虽不见史传,但也有点依据。《保德州志》说:

> 杨文广的妻子慕容氏武艺高强,英勇善战,辽国兵将都惧怕她。

"慕"与"穆"读音相同,传说中的穆桂英很可能是从慕容氏误传出来的。不过传说中把她说成是杨宗保的妻子,这与州志所说不同。

早在北宋中叶,杨家将的故事就已开始在民间流传。南宋时,民间艺人把它编成话本。元代,又以杂剧形式出现。熊大木的《北宋志传》和纪振伦的《杨家府通俗演义》相继问世,使杨家将故事初步定型。据清代《昭代箫韵》载,明清两代,戏曲舞台上以杨家将故事为题材的剧目就有三百六十出之多。

葭沚道教二三事

葭沚部分民众信奉道教,葭沚的道教宫观为斗姥宫,位于葭沚东岸袜堂边上,俗称"道人堂"(因为葭沚民众称道士为道人)。

道教追求长生不死,得道成仙,看重个体生命的价值,相信经过一定的修炼,人可以脱胎换骨,直接超凡入仙,不必等死后灵魂超度。

道教原本不供神像。他们认为"道之尊,微而隐,无状貌形像也;但可从其诚,不可见知也"。这样固然很玄妙,但不利于民众祭拜崇奉,后来借鉴了佛教的做法,也在宫观中供奉神灵图像或塑像。大约始于南北朝,但不普遍,大约到了宋真宗以后,道教宫观才普遍供像。

道教尊老子为始祖,如葛洪的《抱朴子》即说老子李聃就是太上老君。唐宗两代皇帝给老子敕封尊号最多。唐高宗乾封元年(公元666年)游幸亳州老君庙,追号老子为"太上玄元皇帝"。天宝二年(公元743年),唐玄宗在"玄元皇帝"前又加上"大圣祖"三字。后来宋真宗又上尊号为"太上老君混元上德皇帝"。

做道场,是道教的一种仪式,又称建醮。民众常给道观若干经费,请求为其禳灾、求寿、超度亡灵、捉妖等。道场可以在宫观内做,但更多的是到主人家里做。做道场的收入是道观的主要经济来源。

念咒,是道教坛醮祈禳中常用的法术。咒,亦称神咒、神祝,即天神的语言。《太平经》卷五十中说:"天上有常神圣要语,时下授人以言,用使神吏应气而往来也。人民得之,谓之神祝也。"念神咒役使鬼神之术,源于古时的巫祝。《抱朴子·至理篇》说:"吴越有禁咒之法,甚为明验。"

与咒同时使用的,还有"令"。令,是仿照官府公文口气对鬼神下命令。坛醮法器中有令旗,道士念咒中常有"急急如律令"之语。

道教的神仙谱系,实际上是天神、地祇、人鬼和仙真的总汇。天神中间,除日月星斗雷电诸神外,以三清、四御为最高。三清:居于清微天玉清境的元始天尊(即天宝君),禹余天上清境的灵宝天尊(即太上道君),大赤天太清境的道德天尊(即太上老君)。四御:昊天金阙至尊玉皇大帝,中天紫微北极大帝,勾陈上宫天皇大帝,承天效法土皇地祇。四御中的最后一位掌管阴阳生育及大地山河,民众普遍信仰的城隍和土地,就是地神。

所谓人鬼,多是历史上声名显赫的英烈,后被道教尊为神,如关帝、秦叔宝、尉迟敬德等。

仙人真人住在号称三十六洞天、七十二福地的仙山洞府之中。

道教亦有"清规"和"戒律"。道教戒律实源于我国古代斋戒。道教的戒律,一般都托言是元始天尊或太上老君所下传,其实是南北朝时上清、灵宝及新天师道等道派所作。道教五戒规定:一者不得杀生;二者不得茹荤酒;三者不得口是心非;四者不得偷盗;五者不得邪淫。此外,还有所谓"八戒""十戒""二十七戒"等。

道教还有所谓"清规"。清规是道士违犯戒律的惩罚条例。如:

开静贪睡不起者,跪香(指罚跪,等一炷香烧完了才准起来);

早晚功课不随班者,跪香;

上殿诵经礼斗,不恭敬者,跪香;

本堂喧哗惊众,两相争者,跪香;

三五成群,交头结党者,迁单(即驱逐);

公报私仇,假传命令,重责迁单;

毁谤大众,怨骂斗殴,杖责驱出;

茹荤饮酒,不顾道体者,逐出;

违犯国法,奸盗邪淫,坏教败宗,顶清规,火化示众。

道教把神仙诞辰的日子定为它的节日,每到节日来临,都要举行比较隆重的斋醮(醮:古代以酒祭神之礼)仪式,包括祭星与设道坛诵颂,有些节日还有庙会集市。道教节日很多,如正月初九为玉皇大帝圣诞日;二月十五日为教主老子诞生日,是为太上老君圣诞节;三月三日是王母娘娘的诞生日,俗称"蟠桃会",等等。

十二世纪中叶,注重清修的全真派对道教宫观制度作了改革,建立了十方丛林和子孙庙两个系统。十方丛林是依照佛教的丛林制度而设立的(它的首领如方丈、监院、都管等名目都是从佛教那里来的)。其庙产属于本教或某一教派公有,凡是道教徒都有在此挂单居住的权利;十方丛林不招收弟子,专为小庙推荐来的弟子传戒;丛林内有一套组织机构,主持宗教事务和管理财产等。子孙庙又称为小庙,它属于私有财产。故没有接纳十方道众义务;庙中师父即住持,又称当家,兼管庙中宗教事务和庙产;师父一旦故去,庙产即由继承法嗣的徒弟接管,师徒代代相传,犹如家产的子孙继承(子孙庙之名即缘于此)。葭沚的斗姥宫就属子孙庙一类。

道教在传播的过程中,也慢慢地融入了中国文化,如道教的"八仙",嬗变出"八仙庆寿""八仙过海"等生动的民间故事。又如"老子青牛""寿星蟠桃""龟鹤松柏"都祝福长寿,象征吉庆,已没有多少宗教意味了。

从看《僧尼会》说到《目连变》

《僧尼会》是葭沚民众很喜欢看的一出戏,尤其是浙江金华婺剧团和台州乱弹剧团(前身为黄岩乱弹剧团)把这出戏演神了。

《僧尼会》这出戏的源头是《目连变》。《目连变》是一种演说佛经经义的文体,长行与偈颂相间,散文与诗歌并用,又叫"变文"。《目连变》是讲佛家盂兰盆,即俗称放焰口之由来,把佛经中天堂、地狱神异奇幻故事演变为通俗易晓的说唱,其故事源于《佛说盂兰盆经》和《佛说报恩奉公瓦经》。故事是说,摩揭陀国中有大长者,名拘离陁,其妻为靖提夫人,生育一子,名罗卜。拘离陁因修十善五戒而得升天,其妻因广造诸罪堕入地狱。罗卜后出家为佛弟子,号曰大目犍连。目连借了佛力,得上天堂见父,又入地狱寻母。经许多周折,最后到阿鼻地狱,寻着母亲。由于广造盂兰盆善根,终于把母亲救到天上。所以《目连变》的全称是《大目犍连冥间救母变文》。

《目连变》在唐代已很流传,大诗人白居易与诗人张祜谈话以《目连变》为资料,孟棨《本事诗》载:

民俗事象溯源 | 091

诗人张祜,未尝识白公,白公刺苏州,祜始来谒,才见白,白曰:"久钦籍,尝记得君款头诗。"祜愕然。白曰:"鸳鸯细带抛何处? 孔雀罗衫付阿谁? 非款头何耶?"张顿首微笑,仰而答曰:"祜亦尝记得舍人《目连变》。"白曰:"何也?"祜曰:"上穷碧落下黄泉,两处茫茫皆不见,非《目连变》何耶?"遂与欢宴竟日。

《目连变》一方面演变为宝卷,另一方面又演变为戏剧。最早形成的是北宋《目连杂剧》,《东京梦华录》载:

中元节,拘肆乐人,自过七夕,便搬《目连救母》杂剧,直至十五日止,观者倍增。

此后又出现元剧无名氏《行孝道目连救母》。目连戏渐渐成为各地应时派定的剧目。搬演《目连变》的风气盛行于安徽、江西、浙江、湖南等省。在目连戏广泛流传于民间的基础上,文人们整理出了大型剧本。最著名的是,明代安徽新安人郑之珍,为徽班弟子,以演《目连变》著称,他在明万历时写成大型的《目连救母行孝戏文》,分上、中、下三卷,上卷33出,中卷35出,下卷34出。全剧以大团圆结束,最后有诗:"目连戏愿三宵毕,忠孝节义四字全。"

在清雍正、乾隆时期,出现了特大型的《劝善金科》,编写人是张照(公元1691—1745年)。《劝善金科》把《目连救母行孝戏文》的故事情节扩大,为了劝善这一主题,极力扩大作为对立面的恶人群,甚至与目连故事毫不相干的,亦可随时插入,如颜真卿的故事也硬被牵连进去。有的与佛教教义完全相反的,也被列入,如"动凡心空门水月""堕戒行禅榻风流""僧尼下山戏调情"等。《目连变》扩大为"兼罗今古"的《劝善金科》。清代统治者也大力提倡目连戏。辛亥革命以后,目连戏不再那么盛行了。

《目连变》的救母主题,打破了僧尼出家不念家的观念,把和尚写成孝子。《目连变》正是由于这一点,赢得了自古以来千千万万人的心。

《目连变》不仅本身直接演变为戏剧,而且在演变过程中,也对后世的戏剧产生了影响。如《目连救母戏文》卷上第十四折《尼姑下山》成了昆曲《思凡》的来源。《目连救母戏文》第十五折《和尚下山》成为京剧等《僧尼会》的来源。

同姓未必同源

改革开放以后,在民间,寻根问祖、编修宗谱之风渐兴,葭沚亦是如此。在这个民间活动中,人们往往有一个糊涂的观念,即同姓必是同祖。历史事实告诉我们,同姓未必同祖,要搞清是否同祖,必须厘清历史源头、历史变迁等情况,才能作出具体判断。

姓,是氏族、家族的共用名;名,是个人独用的姓。

姓的来源大致有如下途径:一是氏族图腾标志而来。如熊氏、牛蟜氏等,这些氏族名称后来就演化为姓(姓熊、姓牛等)。大陆人口普查显示,目前两岸姓"猴"的居民有四名。福建泉州一人名猴敏。贵州彝族中尚有姓"鼠"的一族。在四川和山西尚有姓"虎""兔"的。源于上古时代的蛇姓,原为贵族姓氏,后由于地位变化,许多蛇姓人纷纷改姓畲。狗姓一说是因得罪后晋开国皇帝石敬瑭而遭罚,赐姓狗,唯后人因其不雅,已改为谐音的苟。猪姓起源于三国时期,如今贵州六盘水地区尚有40多人姓猪。台湾尚有4个姓鸡的人。其余鸡姓皆已改姓奚。二是从地名而来。古人称呼往往冠以地名,如鲁国、韩国、宋国等(姓鲁、姓韩、姓宋等)。也有以住地方位、景物为姓,如东郭、西门、池、柳等姓。三是以职业为姓,如巫、师、祝、史等姓。四是以先人的官职为姓,如上官、司马、司徒、公孙等姓。五是以先人谥号为姓,如穆、庄等姓。

在历史发展过程中,有些姓是不断变化的。如"贺"姓,有的是原姓"贺兰"或"贺敦"简化为"贺";有的是原来姓"庆",因避皇帝讳而改姓"贺"。又五代时吴越的"刘"姓因避讳("刘"与吴越王"钱镠"的名同音)而改姓"金"。明代"靖难"(明代燕王朱棣以讨伐黄子澄等为名起兵攻破南京,推翻建文帝,自己黄袍加身成了明成祖皇帝,当时号"靖难")之后,黄子澄的后人因避祸改姓"田",而"靖难"中有功的太监马三保却被赐以郑(就是以"三保太监下西洋"著称的郑和)姓。北魏孝文帝为推行"汉化",把"拓跋"姓改为"元"姓。又如汉代诸县(今山东省内)的"葛"姓迁到阳都(今河南省内),为了区别于当地的"葛"姓,就称"诸葛"姓,等等。

葭沚渔民为什么不选天后而选观音为护海神

"天后"（妈祖），可以说是"专业"的护海神。宋代以后，东南沿海的居民（尤其是海上作业的渔民等）更是对其崇拜备至。老台州府城（临海）也有"天后宫"，但葭沚的渔民却不选择"天后"为海上保护神，而选择观世音为海上保护神。

天后一称天妃，闽人称妈祖，说是五代末莆田人林愿的女儿，殁为海神。说是沿海一带以舟楫为生的人莫不供奉她为唯一的主宰。姚福均编的《铸鼎余闻》里说：

> 神为五代时闽王统军兵马使林愿第六女，能乘席渡海，人称龙女。宋太宗雍熙四年升化湄州。常衣朱衣飞翻海上，土人祀之。
>
> 兴化境内地名海口，有林夫人庙，莫知何年所立。

林氏死后的一百年间，她的偶像崇拜只在本乡莆田县。之后，她的影响扩大到北面沿海一带，并得到朝廷的正式承认。北宋时,朝廷仅赐她一方匾额。到了南宋,几乎每一朝皇帝都给她加封号,她负有救水旱、治病疫和平海寇的三大责任。宋高宗始封她为"夫人",光宗始封她为"妃",元世祖始封她为"天妃"(后来称为"天后")。

天妃在流传的过程中,又产生许多的增饰和附会。如明谢在杭在《五杂俎》说天妃为非女子:

> 天妃,海神也。谓之妃者,言其功德可以配天尔。今祠多作女像,此与祀大士者相同,习而不觉其非也。

意思是说,天妃在祠庙中作女像,就同佛教中的观音大士男身女相一样的道理。换言之,天妃,是因为其功德可以配天才称妃,并非女的才称妃,佛教里的观世音也不是这样的吗?

柯秉珪《圣迹图志》说:

> 湄人则共呼之曰姑婆,闽人则统称之曰娘妈。

赵翼《陔余丛考》卷三十五道:

> 吾乡陆广霖进士云:"台湾往来,神迹犹著。土人呼神为妈祖。倘遇风浪危急,呼妈祖则神披发而来,其效立应。若呼天妃,则神必冠帔而至,恐稽时刻。妈祖云者,盖闽人在母家之称也。"

民俗事象溯源

郁永河《海上纪略》载：

> 海神惟妈祖最灵，即古之天妃也。凡海舶危难，祷之必应；人多目击神兵之维持，或神亲至求援；灵异之迹不胜枚举。当洋中风雨晦螟，夜里如墨时，每现神灯于樯端，以示佑；又船中忽现燐火，如灯光，升樯而灭者；舟师谓是妈祖去火矣，必遭覆败，无有不验。舟中例多设妈祖棍，凡值大鱼水怪欲近船时，以妈祖棍连击船舷，即遁去。

尽管天后护海那么灵验，但葭沚渔民还是选择了观世音为护海神。究其原因，大致如下：

一、普陀山为世界观世音道场，也可说是观世音的本家道场。而葭沚渔民的捕鱼，以前只是在舟山渔场作业，也就是在观世音的本家门口作业。因此，对观世音的亲近也在情理之中。

二、观世音的神格属性，是大慈大悲、救苦救难，并且能耐很大，有三十二应化身，只要你有难时称名"观世音菩萨"，她就应声而至，如有海难，她立即叫"大海变浅滩"。使人觉得对口、快捷、方便、实在。

三、普陀山寺院（天台国清寺也有）有海岛观音壁塑，观世音胸佩璎珞、手持水瓶，立于鳌鱼背上，四边大海波涛汹涌。给人的直觉是她巡视大海，随时救渡以舟楫为生的苦难民众。令人印象深刻，产生依赖感。

四、以前渔业是靠力气的海上作业，渔民特别喜欢有儿子接班,对"送子观音"当然顶礼膜拜。"妇女之欲得子者,可于年首绣一双小鞋,放在观音像前。"

五、信仰的选择关系。葭沚渔民虽然对佛教信仰、道教信仰、民间信仰不是分得很清,但大致概念还是有的,他们知道观世音是佛教菩萨,天后是道教神仙。葭沚渔民(包括他们的家人)大都是信佛的。因此选择观世音为护海神符合他们的信仰习惯。

我们从以下事例就可以看出葭沚民众对观音多么地信仰:以前葭沚好多无缘去普陀山的民众,他们买一条洁白的手帕或毛巾,托渔民带到普陀山寺院盖一个印(当然要付香火费的),这条盖了印的手帕或毛巾随时带在身边,就是最好的"护身符"。

抲落帽风

在葭沚民众中流行一句口头禅,叫"抲落帽风"。所谓抲落帽风,是指追查虽有由头但无实据的东西。抲落帽风这一口头禅出自戏剧《打龙袍》:包公放粮回来的路上,他的帽子突然被一阵怪风吹落在地。包公觉得事有蹊跷,令张龙、赵虎、王朝、马汉把这一阵风的事情查清。吹落帽子是风干的,只有风才知道为什么,这一阵刮落帽子的风(落帽风)到哪里去抓(抲)呢?张龙、赵虎等只顺着帽子落地的方向去寻,结果发现了一个瞎老太婆住在寒窑里。这一发现,包公审出了沉冤几十年的大案:这瞎眼老婆子就是当今皇上的真皇太后,当今在位的是假皇太后。几十年前,假皇太后用"狸猫换太子"的手法,骗走太子,火烧太子亲娘,幸好有人相救才逃出宫门,流落在民间寒窑几十年。案情大白后,假皇太后自缢身亡。皇上几十年认仇人为娘,致使亲娘流落寒窑吃尽苦头,那如何处置呢?不处置,如何教育天下百姓呢?要处置,他是当今皇上。包公就用以(龙)袍代身的方法,叫太后狠狠地打,这便是戏名《打龙袍》的由来。

葭沚民众也有一种"清官情结",把人间的公平正义都寄托在清官身上。尤其是对包公的崇拜,认为他铁面无私,不仅管阳间,还管阴间(如戏曲《探阴山》),不畏权贵、皇亲国戚(如戏曲《铡美案》),能够大义灭亲(戏曲《赤桑镇》),等等。

包公戏红火于元代,现存十八种元代公案戏中,包公审案断狱的就有十一种。明清又诞生了包公审案断狱戏二十种。打开《京剧剧目初探》,可以看到三十四出包公戏。包公戏目历久不衰,1993—1995年,长达二百三十六集的台湾电视连续剧《包青天》曾风靡海内外。

舞台上的包公形象已有定相:黑脸(铁面无私)、相貌(帽翅加长的宰相帽)、黑满(乌黑浓密的飘胸长须)、黑蟒(袍)、额头上画"月牙"(指"上昭日月")等。

作为历史人物的包公和戏曲舞台上的包公差别甚大。宋代的史书,找不到关于包公黑脸的文字记载。今天我们看到戏曲舞台上的黑脸包公,是元明以来戏剧化妆师设计的结果,它象征包公铁面无私的精神。1973年合肥肥东大兴集发现的包公墓中考古得知,专家们的结论是包公身高一米六五左右。

戏曲舞台上,包公升堂断案一般是两样道具:其一为独角兽,以示"曲直明鉴";其二为三把铡刀,龙头铡刀铡皇亲国戚,虎头铡刀铡贪官污吏,狗头铡刀铡市井刁民。关于独角兽和三铡,宋代史书同样没有记载。舞台上,包公手下有张龙、赵虎、王朝、马汉、公孙先生、南侠展昭,都出自清代石玉昆的《三侠五义》。

历史上的包拯(包公)确有其人,他六十一岁时被任命为三司使(负责全国经济工作),实行经济改革(改"科率"为"和市"),卓有成效。两年后,包拯被提拔为枢密副使(主管军事的副国防部长)。一年后,包拯病逝,皇帝亲自到包家吊唁,并宣布停朝一天以示哀悼。开封的老百姓也莫不悲痛。

为什么把傻乎乎的人叫傻瓜

葭沚民众习惯叫傻乎乎的人为"傻瓜"。有人曾认为,傻瓜就是没成熟的瓜,又称"白瓜",以瓜的没成熟比喻人的不成熟,所以称"傻瓜"。这个说法,初听,似乎有理,其实不然。

从相关资料看,"傻瓜"源于古老的部族姜戎氏。《左传·襄公十四年》记有范宣子和姜戎氏的谈话:"来!姜戎氏!昔秦人追逐乃祖吾离于瓜州。"就是说:当初,秦人追逐你们的祖先吾离,一直追逐到瓜州(今甘肃省敦煌一带)。

据历史学家顾颉刚先生考证,姜戎氏被赶到瓜州后,人们把聚居于瓜州的姜姓人氏统称为"瓜子族"。因为瓜子族人秉性忠厚,老实巴交,被当地人视为傻子,傻乎乎的瓜子族人就被简称为"傻瓜"。

清代黎士宏的《仁恕堂笔记》中也说:"甘州(今甘肃省张掖市一带)人谓不曰'瓜子'。"直到今天,甘肃、四川两省仍称不聪明的、傻里傻气的人为"瓜子""瓜娃子"。

端午该吃粽子还是该吃食饼筒

葭沚民众只知道农历的五月初五叫端午。恐怕很少有人知道为什么叫"端午"。中国古代用干支纪时,所谓端午,其实就是午月午日的节日,具体日期则随干支而变动。大概每年都要根据干支来推算节日日期,人们觉得这样计算太麻烦了,魏晋以后,人们把端午节固定在每年的五月五日。午月午日,日月相谐,也就是阴阳和谐,因此端午节也蒙上了神秘的色彩,由此而变得神圣了。

端午这天午餐,葭沚民众习惯吃食饼筒,而与葭沚一江之隔的临海民众习俗则是吃粽子。因此,每年到端午这天,人们总在问:端午该吃食饼筒呢,还是该吃粽子?中国的古文献《礼记·月令》说,孟夏之月,君王"乃以彘尝麦"。这篇文章讲了每个月君王要做些什么,吃些什么,对后世的影响很大。唐代的张说在端午李隆基举办的御宴(公元727年)上,写有一首《端午三殿侍宴应制》,其中就有"助阳尝麦彘,顺节进龟鱼"的句子。可见唐代君王还是按《月令》所说,端午(夏令)吃麦食和猪肉。

端午吃粽子的风俗,晋代周处的《风土记》里就有记述。人们在端午的前一天,用菰菜叶子裹上糯米,把栗木、枣木烧成灰,掺进汤里煮粽子(掺灰的目的是增加汤的碱性,使糯米黏度增大)。李隆基在端午御宴(公元 727 年)上写了一首《端午三殿宴群臣》,其中有"长丝属命人"和"九子粽争新"的句子。可见,唐代的君王,端午也吃粽子,系"五色线"(五色绳),认为这可以延续寿命。

而实际生活中,对于端午的解释正如唐代文秀《端午》诗所说的:"节分端午自谁言,万古传闻为屈原。"

举头三尺有神明

葭沚民众基本上天、地、神都信。在中国的传统文化中,对天的信仰可说是源远流长。在百家争鸣的春秋战国年代,孔子就说过"生死有命,富贵在天"。这里的"天"已具有主宰人间的有意志的人格神之意。时至汉代,推行董仲舒"废黜百家,独尊儒术"的文化,"天"被描述成哲学本体论意义的神,董仲舒认为"道之大,源出于天;天不变,道亦不变"。就是说人间的一切都是天意志的体现。哪个当皇帝,那是天意,皇帝叫天子;人生的祸福是天命;反对统治阶级是犯天条,等等。赵宋理学把天客体化为"天理",天理是主宰世界的客体精神。把人主体精神叫"良心",人的主体精神是客体精神"天性"的分殊,它们的关系是:天理只有一个(本体是一),主体精神(良心)是多,天理良心本质是一致的,这好比"一月普现一切月"(天上只有一个月,地上所有的江河湖海都能映出天上的月),理学家朱熹把这种关系叫"理一分殊"。所以每个人只要按良心去做,就符合天理。反之要遭到报应。

"举头三尺有神明",这里的"神明"主要指天理,所以葭沚民众有时也说"举头三尺有青天",或说"天理昭昭",由此还衍生出"人在干,天在看""谋事在人,成事在天",等等。

"举头三尺有神明",这里的"神明"有时也指"值日功曹"。葭沚民众相信,人间的善恶都有值日功曹巡视,并把巡视的情况向天汇报。

中国传统文化中"天"的含义,在中国戏曲中随手可捡,如把铁面无私的包公称为包青天;又如《徐策绝城》中的唱词"湛湛青天不可欺",等等。

苦与甜

苦与甜,本来是一种口味,在实际生活中,人们通过比附、想象、逻辑演绎,把苦与甜引申出许多社会属性。

先说甜。葭沚民众首先把甜和蜜相连,用蜜甜或甜蜜来表达人们对甜的舒畅感,一个好的事业我们称之为甜蜜的事业;人们把最通泰的洞房花烛的初月称为蜜月;某人很会迎合对方说话,我们说他的嘴巴很甜。

苦,葭沚民众把它作为甜的相反感受。与苦相连的是中药黄连,因黄连味极苦。苦的社会引申义是受尽人生磨难,如鲁迅小说中的祥林嫂,当人们看了《祥林嫂》的小说、戏曲、电影后,都情不自禁地感叹:祥林嫂的命真苦。

西方社会是否也要探讨苦与甜的问题呢?回答是肯定的,只不过他们是从社会阶层的角度去谈论的,譬如二十世纪初,《泰晤士报》连篇累牍,说只有下层社会的人才爱吃甜喝甜。上流社会的人都要修身养性,减少食物含糖量还来不及呢。

在欧洲,爱喝甜饮料的,会被认为是下层的劳动者;爱吃重糖甜品的,就是小家子气。福塞尔《格调》里认为,现代社会,下等人才迷恋甜味。上流社会也因此摇旗鼓吹,认为懂得品茶与咖啡的苦味,才能谏果回甘,体会到深层的味道云云。

其实,对日本茶道略明白的,便知道他们虽然清净和寂、素雅纯正,但茶会时按例也有和果子。和果子的材料总逃不过豆沙、麻薯、栗子、葛粉和糖。同样,俄罗斯人喝不加糖的咖啡和不加糖的茶饮时,惯例甜面包、蛋糕、蜂蜜摆满一桌。

上等人觉得,甜味经常显得女性化、脆弱、下等、世俗、不够高雅,能尝得苦味才显得口味非凡,耐得住寂寞,等等。

中国人常说"吃得苦中苦,方为人上人"。只有经受得起种种磨难的人,才更容易有一番作为。如果说"某某人在甜水中泡大",就意味着该人脆弱与无能。

贱称与下跪

国人有自谦的习惯,葭沚人也不例外。现在我们在电视剧、戏曲中都知道"朕"是皇帝自称。其实,在先秦时,谁都可以"朕"自称,屈原在《离骚》中就自称为"朕"。至秦代,秦始皇君临天下,定"朕"为皇帝自称专用。自此以后,上智下愚、上尊下卑之风流行,臣民自卑自贬成为规矩。今天,翻阅历代大臣的奏议,都自称为"愚见""愚鄙""愚妄"等。

谦称,还只是自我贬抑,发展到贱称,就不惜丑化自己,以取悦于上级或最高统治者。清代,汉人见皇帝称微臣,满人则自称奴才。近代的革命先贤曾批判过国民的臣民人格。严复就曾说:"西洋之民,其尊且贵也,过于王侯将相。而我中国之民,其卑且贱,皆奴产子也。"梁启超觉得,底层的老百姓"视惯例如天帝,望衙署如宫阙,奉缙绅如神明"。

今天,葭沚民众当问人家姓名时,总是说:"请问贵姓?"或"敢问尊姓大名?"介绍自己的姓名时,常说:"在下姓某。"这些语言中,"贵"相对于"贱","尊"相对于"卑","下"相对于"上",这些说法,其实都是自谦、自卑的流变。

葭汕民众中也盛行跪拜,对天、地、君(皇帝)、亲(双亲)、师(老师)跪拜没有例外。跪拜是以尊卑、上下、服从为前提,晚清的康有为曾写过一篇《拟免跪拜诏》,说先秦时,"天子为三公下阶,为卿离席,为大夫兴席,为士抚席。于公卿大夫拜,皆答拜"。"汉制,皇帝为丞相起;晋六朝及唐,君臣皆坐;唯宋乃立;元乃跪,后世从之。"清代,下跪者自我示卑、示贱之意则日益凸显,绝非之前所表达的礼敬尊重之意。所以谭嗣同把"繁跪拜"与"文字狱"同等视之,他说:"繁拜跪之仪以挫其气节,而士大夫之才窘矣;立著书之禁以缄其口说,而文字之祸烈矣。"

"繁跪拜",说明清代士风的退化,清代的士大夫已无唐宋士大夫廷争面折的风骨,甚以获得在皇上之前自称"奴才"的待遇为荣。

清代的平民,不但见官得先跪拜叩头,老百姓向衙门呈交诉状禀词,都得"蚁民"自称。康有为为中华民族着想,才替光绪皇帝《拟免跪拜诏》。

三十六行,行行守规矩

按中国传统习俗,葭沚民众把社会的各行各业笼统地归纳为"三十六行",并认为从事每一个行业的人,都可以把本行做到极致,也都得守行规行矩,所谓"三十六行,行行出状元"。

比如屠夫,要守"亥日不能杀猪"的行规,因为在中国生肖文化中,猪属亥。如果破规,来年养猪会不顺利。屠夫在宰杀猪牛羊时,须一刀结果。否则,屠夫会在临终时死门难入,须在床下放一把屠刀才能死去。

瓦匠在盖房铺瓦时,忌讳把瓦片的行数铺成双数,这是犯了行业祖师爷的名讳。因为鲁班的小名是一个单字"双"。

石匠干活时,任何人都不能搭讪讲话,否则,一旦工伤,讲话的人要负责。石匠的行业神是石头神,石神的生日是正月初一,石匠们正月初一要祭行业神。

酿酒师会在粮食蒸炊、酒曲搅拌、酿酒发酵期间,不能随便说话,且切忌男女之事。否则,酒会变酸。

这些行规行矩中折射出人们对自然的敬畏、对师道的尊崇和对自身言行的约束。

纸　鹞

葭沚民众把风筝叫作"纸鹞"。

风筝,春秋时期就有。古汉语里称之为纸鸢,或纸鹞,借代如翼的鸟儿。身型大些的纸鹞上面缚弦,风弹筝筝,犹如天琴,遂叫风筝。

唐人有《纸鸢赋》:

> 代有游童,乐事末工。饰素纸以成鸟,像飞鸢之戾空。翻兮度,将振沙之鹭;杳兮空,先渐陆之鸿。抑之则有限,纵之则无穷,动息乎丝纶之际,行藏乎掌握之中……

有一首学堂乐歌《纸鹞》,歌词曰:

> 正二三月天气好,功课完毕放学早。春风和暖放纸鹞,长线向我娘爷要。爷娘对我微微笑,赞我功课学得好。与我麻线有多少,放到春天一样高。

唐代以前，风筝一般被看作用于测量、通信等军事功能的工具。《渚宫旧事》中记载：鲁班"尝为木鸢，乘之以窥宋城"。宋代高承《事物纪原·纸鸢》中记载：汉代的韩信曾利用风筝测量未央宫，打算趁刘邦不在家，挖地道进入宫内。《南史·侯景传》中说，南北朝时期，因侯景之乱，梁武帝被困宫中，他想利用风筝向外发送信息求救，可惜被敌人射了下来。《新唐书·田悦传》载：唐代的张伾被困，他也利用风筝求救兵，最终取得胜利。

唐代以后，风筝的军事功能逐渐消失，变成了一种娱乐活动。

感　应

所谓感应,简单地说,就是由于有所感受而作出的回应。莅沚好多民众相信感应,比如,感到耳朵痒,说是有人在叨念他。又如,当你背后说某人时,某人刚好来到你身边,莅沚民众把这种现象叫作"说到曹操曹操到"。

感应的说法在中国文化中由来已久,如《诗经·邶风·终风》就有"愿言则嚏"的句子。郑玄的《诗经注》把这种打喷嚏解释为:分别中的人们,由于彼此思念而产生的交感作用。

赵宋洪迈在《容斋随笔》卷四《喷嚏》中对该句解释为:

> 今人喷嚏不止者,必噀唾祝云:"有人说我。妇人尤甚。"按《终风》诗:寤言不寐,愿言则嚏,郑氏笺云:"我其忧悼而不能寐,女思我心如是,我则嚏也,今俗人嚏云:'人道我,此古之遗语也,乃知此风自古以来有之。'"

北宋诗人梅尧臣亦有"我今斋寝泰坛下,佗傺愿嚏朱颜妻"之句,意思是说,我想念年少的妻子,想得让她不住地打喷嚏。

衣　裳

葭泚民众把衣服统称为衣裳,应该说,这是最为古老的称呼。

《周易·系辞下》曰:"黄帝尧舜垂衣裳而天下治,盖取诸乾坤。"

黄帝认为,上衣对应天,下裳对应地,穿上了衣裳,人就活在了天地间。

上衣对应天,就与天同色,所以取玄色;下裳对应地,就与地同色,所以取黄色。什么是玄色呢?古人认为,如果出了太阳或月亮,天就不再是本色,月落而太阳也未出的天空颜色叫玄色,即黑里略透红色。

无论是春秋时期的深衣,还是汉唐时期的襦裙,都是上衣下裳的变形而已。

冠冕、领袖、裙带、纨绔……这些词,究其来源,也都与服装有关。比如领袖,领与头脑相近,袖与手臂相接,一个既有头脑又有手段的人,当然是杰出人物。早期领袖是指杰出人物,而非指国家元首。

古代官员系在腰间的布带（束带），两头下垂的部分称为"绅"，系着绅带的人就称"绅士"。按《白虎通义》的解释，绅士的"束带"就是约束自己（原话是："示谨敬自约整"）。

服饰的审美主要为三点：与自然和谐、与社会和谐、与自身和谐。与自身和谐又分为与身和谐和与心和谐。西方注重前者，服装体现性别魅力。中国传统注重后者，强调与心和谐。

中国古代女子服装，从汉唐开始，姑娘们都在努力把自己打扮成凤凰模样。因为，凤凰是中华女性的图腾，既是神鸟，又是对应最尊贵的女人——皇后。在凤凰图腾的强大心理暗示下，千百年来中国女性都用凤凰元素打扮自己，女子往往穿带有纵向线条的长裙，模仿凤凰尾形态，历史上著名的留仙裙、百褶裙、月华裙、凤尾裙等，莫不如此。

小　年

葭沚民众把农历正月初一叫作"大年初一"。既有大年,何谓小年呢?"祭灶节"民间俗称小年。祭灶节的时间,一般而言,北方为腊月二十三,南方为腊月二十四。① 此外,又有"官三、民四、蛋家五"的说法,即官府在腊月二十三,一般平民为腊月二十四,水上人家为腊月二十五举行祭灶。

民间祭灶风俗,历史悠久,《礼记·礼器疏》中载:"颛顼氏有子曰黎,为祝融,祀以为灶神。"《东京梦华录》记载:都人至除夜,备酒果送神,以酒糟涂灶门上,谓之醉司命。

在祭灶这天,人们都要在灶屋(厨房)的锅台附近墙壁上供奉灶王爷。佛龛的神像两侧还要贴上一副对联:"上天言好事,下界保平安。"横额:"一家之主"。

民间流传《灶君谣》:

灶糖一盘茶一盏,打发灶君上青天。天宫见了玉帝面,

---

① ［清］于敏中:《日下旧闻考》。

不当说的且莫言。

鲁迅先生曾写有《庚子送灶即事》一文。时至今日,人们依然过小年。

上　当

葭沚民众把受骗吃亏叫作"上当"。

"上当"的出处,笔者能见到的是清代学者徐珂的《清稗类钞》,该书中有"自上当"条目。文说:江苏清河有个豪富的王氏家族,他们财富的最大来源是城里开的当铺。由于王氏族人不擅长经营当铺,就托人打理当铺。光绪年间,他们所托的人是历史地理学家兼藏书家王锡祺,而王锡祺把精力都投在了刻书、藏书上,对当铺经营毫无心思。

王氏家族认为,王锡祺经营当铺多年,定当获利丰厚,肯定把获利的钱都挪用于刻书、藏书。为了治治他,于是他们出了个馊主意:将自己家里不管有用没用的东西,一并拿到当铺去典当,且估价都高于实际价值。当铺伙计们一看股东们亲自来典当,只好照收。经如此反复多次折腾,当铺的资本渐渐被掏空,当铺宣告破产。

为此,清河人留下一句俗语:"清河王,自上当。"

眼中钉是什么"钉"

葭沚民众习惯把自己的对头冤家称为眼中"钉"。

北宋年间,宰相丁谓和太监狼狈为奸,把持朝政。当时老宰相寇准尚在朝中,丁谓深知寇准为官清廉,刚正不阿,就千方百计在皇帝面前说他坏话,后寇准被排挤出京城。不久,坊间出现了一首民谣:

欲得天下宁,须拔眼中丁;
欲得天下好,莫如召寇老。

歌谣中的"丁"就是指丁谓。于是,"眼中丁"的说法逐渐流传。后来"眼中丁"演变成了"眼中钉"。

端午习俗,缘何要饮雄黄酒

中国民间,有端午节"避五毒"的风俗,葭沚也沿袭了这种风俗。所谓"五毒",指蛇、蝎、蜈蚣、壁虎、蛤蟆。五毒中,以蛇蝎的毒性最大、危害最深,所谓"蛇蝎心肠"就是这个意思。民间认为,农历五月为"毒月",尤以五月初五为最。

赵宋邵雍写有《蝎蛇吟》一诗,曰:

蛇毒远于生,蝎毒近于死。
蛇蝎虽不同,其毒固无异。
蛇以首中人,蝎以尾用事。
奈何天地间,畏首又畏尾。

据《北史·高绰传》载,昏淫的齐后主高纬曾以蝎螫人取乐:要人光着身子躺进浴斛,再放入许多蝎子,人被蝎子螫得反复号叫,高纬见状,乐不可支。

蜈蚣也是毒物。明代小说《初刻拍案惊奇》卷三里说:

岭南多大蛇,长数十丈,专要害人。那边地方里居民,家家蓄养蜈蚣,有长尺余者,多放在枕畔或枕中。若有蛇至,蜈蚣便喷喷作声。放它出来,它鞠起腰,首尾着力,一跳有一丈来高,便搭住在大蛇七寸内,用那铁钩也似一对钳来钳住了,吸它精血,至死方休。

清代学者曾衍东在笔记《小豆棚》中记有一则"金蚕蛊"的习俗:云南"有养蛊家,杀人渔利,名曰'金蚕'"。这种金蚕的制作方法是:要在端午这个诸多毒物毒性大发的"恶日",把蛇、蝎、蜈蚣、蛤蟆等,同放在一个容器里,任它们自相残杀,互相撕咬,最后剩下的那个"终极毒物",便叫"金蚕"。把金蚕养大后,主人用它施毒害人,凡是中了金蚕之毒的人,疼痛不已,十指如墨,求生不得,求死不能,然后以解毒为条件让他交出钱财,"无不如意"。

"五毒"虽毒,但均怕雄黄酒,所以端午节皆饮雄黄酒以避五毒。

为什么说"五百年前是一家"

为了拉近与陌生人的关系,葭沚民众往往说"五百年前是一家"这句俗语。

元朝末年,持续十七年的元末农民战争的主要战场在黄河下游、黄淮平原一带。十七年的兵连祸结,使山东地区处于"白骨露于野,千里无鸡鸣"的惨象。这时,中原地区又接连发生水、旱、蝗、疫四大灾害,天灾、人祸折磨得河南、山东、河北、安徽等地"道路皆榛塞,人烟断绝"。

明朝统治者为了恢复生产,制定了以移民垦荒为中心的振兴农业的措施。明洪武初年至永乐十五年,明政府在洪洞(今山西)广济寺大槐树下设移民局,将山西人强制移民,历时五十载,移民十八次,人数逾百万,遍布全国十八个省市五百余县,涉及一千二百三十个姓氏,其声势之大,范围之广,旷古绝今。

移民在各地开枝散叶,与原住民融合联姻,于是就有了"五百年前是一家"的说法。"山西洪洞县广济寺大槐树"成了移民"记忆的标签"。

农历十二月为何称腊月

莨汕民众称农历十二月为腊月,由于受"寒冬腊月"说法的联想,误认为"腊"就是"冷"。其实腊月的"腊",原是岁终的祭名。汉朝应劭的《风俗通义》说:"夏曰嘉平,殷曰清祀也。周曰大蜡,汉改为腊。腊者,猎也,言田猎取禽兽,以祭祀其先祖。"

喜鹊与乌鸦

葭沚民众喜欢喜鹊,喜欢的原因不外乎以下两点:一是喜鹊的叫声"唧唧唧,唧唧唧",人们见到它,似乎与你打招呼,颇有亲近感。二是与中国汉地的传统文化有关,认为它是吉鸟,报喜鸟。据晋代干宝《搜神记》中载,汉代有位张颢者击破山鹊化成圆石,得到颗金印,上面刻着"忠孝侯印"四个字,张颢把它献给皇帝"藏之秘府"。后来,张颢官到太尉。从此,"鹊印"就用来借指公侯之位了。"鹊"也成了"喜鹊"。

葭沚民众讨厌乌鸦,讨厌它的原因也不外乎两点:一是乌鸦"哇……哇……"的叫声,给人以一种凄凉与没落的感觉,尤其是暮鸦投林的鸣叫,对天涯行路之人来说更是惶惶。二是对乌鸦生物习性的联想。乌鸦喜食动物腐肉,并遗传有高度灵敏的嗅觉,在动物还没死亡之前,已有部分细胞或内脏器官开始腐烂,这时乌鸦就已嗅到,并围绕着垂死的动物打转而不愿离去。现在垂危病人基本上都死在医院里,以前没这个条件,人生病,基本上都卧病在床,有的直至死在床上。如有哪家有垂危病人,他的房顶上就有乌鸦驱之不去,哇哇叫个不停。无知的人们就因果倒置地把该人的死因归结为乌鸦的叫,认为乌鸦叫死了他。此外,乌鸦喜欢把巢筑在坟地的树上,也引起了人们对死亡的联想。

民俗事象回忆

追忆将军第

我老家的通信地址原是：葭沚下街将军第。将军第是临街的三进大院，正门前竖有旗杆石（也称"功名石"，宋元明清时，凡是村里有人考入举人、进士，为了光耀门庭、流芳后世，在自己宗族的台门口或祠堂门口立一对旗杆石。旗杆石约一人高，厚约十厘米。旗杆石上刻着某朝某年某科乡试中第几名举人某人立等碑文）。台门上方有块金字巨匾"将军第"，十分耀眼，气势宏大。将军第，顾名思义，是将军的门第，也就是说，这里以前是将军的宅第。解放初将军的后裔还住在这大院的二进院正间，名叫黄崇悌，原是教师，土改时成分划为地主，改为种田。我就住在他隔壁，由于他原是教师，院子里的人都称呼他为"黄先生"（当时老师称先生）。

匾上的"将军第"三字据说是清代御笔亲题。我还见过好多轴黄家祖上的画像，都为清代官员模样。此匾和画像在"文化大革命"期间已作为"四旧"破掉了，已无法考证。

黄先生是个文化人，又是有阅历的人，他去过南京、武汉、上海等大城市。他的阅历、言行、举止对我有不少影响。下面就谈四点影响最深的事：

一是院子里办起"私塾"，聘其为"业余私塾先生"。刚解放的五十年代，葭沚虽然已有公办小学，但由于种种原因，好多人不能上学，还是文盲。我的姑父有两个儿子，超过了读小学年龄，未曾上学。由他牵头，把院子里的八九个孩子组织起来，再找村干部沟通。村里觉得这是件好事，也就默许了，但提了三点要求：教材必须用政府颁发的《农民识字课本》；必须在晚上教读，不能影响黄先生的劳动；只限于自己的院子，不要搞得影响太大。教室就放在我们家。我当时由于年龄太小，还不是私塾学生，由于我两个姐姐是，所以我每晚也坐在那里陪读、旁听。

黄先生既教语文、算术，又教会计（包括珠算）。他晚上教新的课文，白天作业布置背课文、算术的"九九表"、珠算的口诀。他教生字，重点放在形、音、义及组词，并要求用毛笔书写。作业，晚上检查。黄先生的书法很好，他家里有《草字汇》及各种名帖，好多还是不常见的，如岳飞的、康熙的、赵孟頫的，等等。他在检查毛笔字作业时，会耐心地点评，哪一划落笔不行，哪一划收笔不妥，并指出一划最怕写成"竹节"，这是书法一忌，毛病就出在落笔和收笔。同样一竖一折，都有要求，一竖忌写成"鼠尾"；一折忌写成"蜂腰"。诸如此类，夜夜点评，不断改正，大家进步明显。他教的珠算，与农业队的记账紧密结合，很受欢迎。

至于黄先生的报酬，那是大人的事，我们不清楚，听说是好像每月给他多少升米。他家小孩多，经济上无其他收入，给点粮食是很实在的。再说中国的传统就以柴米计酬，直至今天，我们仍把工资说成"薪水"。

二是他农历七月七日要晒书。黄先生常常食不果腹,为填饱肚子,卖这卖那,有一点值钱的东西都卖光了。但他从不卖书,每到农历七月初七,只要有太阳,他家一定会把书箱搬出搁在瓦背上,晒晒书。原来,只听大人说,七月七,牛郎织女渡过银河的鹊桥相会,这一天叫七巧节或七夕节。未婚女子,这天手腕绑彩线,乞求上天赐巧,此俗大概源于汉代。黄先生告诉我,对读书人来说,七月七日还有一项重要的习俗,那就是晒书。为此,他还援引《三国演义》里的故事:曹操知道司马懿是个人才,征召他入朝为官,司马懿出于对曹操的种种看法,推说自己有疯病。曹操明白司马懿的心思,暗中派人长期监视他。时至七月初七,司马懿忘怀地将家中藏书搬出来晒,被曹操抓住了把柄,说司马懿是装疯。司马懿也服了曹操,入朝为官。《世说新语》也载:"郝隆七月七日出日中仰卧。人问其故,答曰:'我晒书。'"郝隆七月七日袒露胸腹仰卧曝晒,表明自己饱读诗书、满腹经纶。说明汉代已有七月七日晒书习俗。赵宋时期,七月七日形成"曝书"习俗,所谓"曝书"就是将藏书搬出来晾晒。不管是公家藏书,还是私人藏书,曝书是为了除湿、防霉、防蛀。赵宋皇家图书馆(秘书省)在曝书期间,晾晒的藏书允许翰林学士、台谏官、馆职、中书舍人与给事中等大学者观摩皇家藏书。赵宋时期的私人藏书家亦在七月七日举行曝书会。北宋大学者宋敏求就是一位大藏书家,家有藏书三万余卷,曾多次主持曝书会,观者如潮。

三是天台智𫖮于荆州玉泉寺收留关公为佛寺伽蓝神。黄先生喜欢读《红楼梦》和《三国演义》，尤其讲三国故事，绘声绘色，脉络清晰，语言生动，逻辑性强。他讲的好多三国故事，我都暗暗会背。但对我触动最大的是关公被天台智𫖮收为保护神。东吴的吕蒙、陆逊使用计策，使关公败走麦城，最后被人取去首级。关公灵魂不服，到处大喊："还我头来！"此时，天台智𫖮正在家乡荆州造玉泉寺，他天耳已通，听得关公喊声，召其下来，并劝导他："天下万事皆有因果，你斩颜良，诛文丑，古城会取蔡羊，他们去向谁要头？"关公听后似有所悟，问："那我怎么办？"智𫖮说："留在我这儿，修得正果，还你个自由自在身。"关公又问："留在这儿，我能做什么？"智𫖮说："就守护寺院吧！"从此，关公就成了寺院的伽蓝神。这不是《三国演义》的内容，是插白，是民间传说。这个插白对我触动最大，智𫖮是历史上著名高僧，确有其人，且天台（天台县）又与我们（当时是黄岩县）相邻，关公是神人，智𫖮比他更神，神人神事就出在我身边，激发了我对天台（后来才知道是佛教天台宗）智𫖮（也是后来才知道他是天台宗创始人）的极大好奇。

四是他身体力行，谆谆教诲我们，读书人要对书和字怀有敬畏之心，切不可糟蹋书和字。为此，他建议"私塾"里放字纸篓，破书、字纸不要随手扔、随地踩，要扔到字纸篓里。篓满了，就把字纸烧掉。他认为，对书和字的敬畏，就是对人类文明、文化的尊敬，也是对自身读书的尊重。后来，我上了小学，学校里也是这样的：每班的教室角落放一个竹编的字纸篓。对于为什么不要随地扔字纸,老师的教育也大同于黄先生,只是多了句"讲究卫生"。自从院子里办起了"私塾"之后,我们家的大人、小孩都不再随便乱扔、踩踏字纸,更禁忌用字纸擦屁股,认为这是"罪过"。

　　生活天天在继续,每天都有新鲜事发生,事情是说不完的。

　　黄先生是单丁子,但有个姐姐和妹妹。七十年代后期,黄先生身子日衰,患了肺结核。实行改革开放后,他与台湾的妹妹联系上了。妹妹定期给他寄上美国产的治肺结核的药,怎奈是一身病骨已难治愈,八十年代初离开了人世。他的子女改革开放后大多经商,多有房有车,日子过得也丰润。但这些也都只是"家祭告乃翁"的事了。

记忆中的葭沚火柴厂

1949年后,葭沚大地主黄变卿的三进大院黄宅被充公,由于它地处葭沚长泾边上,水运方便,就被改为海门区粮库。当时,黄家正门改设在葭沚街这边,与将军第相对。黄宅里有解放军驻扎,晚上有士兵荷枪实弹地站岗,人从这儿路过,士兵就高声问:"哪一个?"行人就高声回答"老百姓!"就行。在黄宅南边,开着一爿"黄同德"药店。黄宅很大,除南面开正门外,其余三边都是高大的围墙,宅中"三进九明堂",很有气派,不少地上铺着漂亮的进口马赛克。

葭沚火柴厂就设在黄宅的南门(原正门)的左侧厢房内。南门前横着一条很宽的排水沟,往东直通长泾,长泾通过葭沚闸与椒江沟通,排水沟终年不干。火柴厂的一段段木头就浸泡在前门的排水沟里。虽然说是火柴厂,但它不生产成品火柴,只生产半成品的火柴梗。真正的火柴厂在温州,名"童车火柴"。火柴,当时葭沚人叫"自来火"。

木头按火柴梗的高度被锯成一茬茬,再把一茬茬木头卷削成像面片一样的火柴板。这些火柴板并非全部可用,还得取去残次的（如蛀掉的、霉掉的、树疙瘩），然后把好的火柴板切成火柴梗，残次的卖给老百姓当柴烧。我们都曾买过这种残次的火柴梗烧饭。听大人说，火柴厂的工人都是犯人（劳改人员）。

人的生死纯属偶然

以前,我家的楼下有一间房子空着,房间挺好,前后有玻璃窗,地上铺着木地板,上边铺着天花板。由于房子空着,我父亲就把烧火做饭的稻草堆放在这儿。这稻草堆就成了我们小孩打闹、捉迷藏的地方。

有一天中午,有个村干部来到我家,看了看这空房子,连连点头说:"挺好!挺好!"然后和我父亲嘀咕了一阵子,就走了。

吃了中饭,父亲叫我们一起,把稻草搬放到后半间,空出前半间,并临时支起一张床,搬来一张旧桌子,一张旧椅子,房间就完成了。只听父亲说,政府安排的客人要在这儿住几天。五十年代,谁家能住上政府安排的客人,那是件高兴的事,说明政府对你信任,在邻居中很有脸面。且这些客人都有文化,态度极好。

过了一两天,房中住进了一位三四十岁的中年男子,看上去很结实、稳重,军人打扮。白天,他的吃饭、洗漱都在我们大院对面的政府粮库里,每天的政治学习也在那儿。只有晚上来住。

有一天中午,他回到房间,看到我,说:"小鬼,进来。吃饭了没有？这个给你吃。"递给我一个大馒头。我高兴得快要跳起来，因为那个年代，我们小孩一年还吃不到一次馒头呢。然后，又从笔记本里拿出四张 32 开的"花纸"（印刷的戏曲人物画）给我，说："给你留个纪念。这四张花纸是梅兰芳的'霸王别姬''贵妃醉酒''天女散花'和'宇宙锋'。拿着，以后会明白的。"我把馒头吃了，把四张"花纸"并排贴在床头。当时，我看着项羽的大花脸还真有些怕。

就在这天晚上，一位看上去年龄比他稍大的妇女与他一起来住。听大人说，是他的媳妇。第二天天还没亮，他们就走了。听大人说，昨天晚上，房间里不时地传出哭声，说是男的要去打仗。

没过几天，街上都在说，一江山解放了，俘虏都被押送到葭沚衙门里（指台州海防衙门，地址即今葭沚大会堂）。我也跑去看，只见有的瘸着腿，有的绷带绑着手，有的绷带缠着头，还隐隐看到血迹。他们排成一队，被荷枪实弹的军人押进衙门。

回来后，院子里的人都说，住在我家的这位军人在解放一江山战斗中已打死（牺牲了）。当然，这只是猜测，并非官方消息。

从此，我产生了一种无可名状的失落感、烦恼和空虚，再也不想走进这间屋子。一走进这屋子，头脑中就会浮现这位军人的形象。从此，也开始思考生与死的问题。

每当我看到并排贴在床头的四张花纸，就开始想：看来，人的生命是不由自己主宰的，一切都由"偶然"支配，多么可怕的"偶然"，这大概就是"命"。好长一段时间，我都在这般胡思乱想

民俗事象回忆 | 139

中入睡。

几年以后,海门烈士山(当时叫光荣山)建起了"解放一江山岛烈士纪念馆",但我始终不敢去证实他是死了还是活着,我想通过这种方式给他留有一个活着的"可能",仅仅是可能而已。时常希望他能回我家看看当年住过的房间,看看这四张梅兰芳先生演出的戏曲画。但他一直没有来。

演戏、看戏的昨天和今天

二十世纪五六十年代,葭沚人普遍喜欢看戏。原因大致是:那时,葭沚电视还没有,电影也很少,即使偶尔有电影,人们对电影也不习惯。认为电影只是幕布上的一个影,不是真人;电影中的普通话还未普及,人们听不懂;有的人要晕幕,甚至呕吐。放电影,场面黑黑的。

葭沚人看戏,最喜欢的是越剧和黄岩乱弹(现在叫台州乱弹,形成于明末清初,是浙江著名的四大乱弹之一。表演方面,该团有许多绝技,如"耍牙""双骑马""甩火球""雨伞吊毛"等,为观众所称道。唱腔方面,以乱弹为主,兼唱昆曲、高腔、徽调、词调、滩簧等。其舞台语言以中原音韵结合台州官话)。当时来葭沚演出的越剧团有黄岩越剧团、温岭越剧团,稍后有海门越剧团,这些都是专业剧团。葭沚也有"葭沚业余越剧团",剧团的团员全有自己的职业。

那时,常演的节目分为全剧戏、折子戏和连续剧,常演的折子戏有《前见姑》《后见姑》《何文秀算命》《方玉娘祭塔》《庵堂认母》《盘夫》《楼台会》《送凤冠》《小姑贤》等。折子戏一般作为加演或罚戏等用。常演的全剧有《龙凤锁》《血手印》《三看御妹》《玉堂春》《活捉王魁》《玉蜻蜓》《白蛇传》(一般端午节演)等。连续剧有《粉妆楼》《孟丽君》。一般要连演许多晚上,剧情夜夜相连。有些剧目,根据剧情需要,聘请其他剧团演员参与演出,当时流行语叫"打来的戏子"(这儿的"打来"相当于今天的"请来")。演出的戏台极其简单,在戏台的后边挂一个布幕(定幕),布幕的左边和右边再挂"出将"和"入相"两块撩幕,供演员进出。幕布把戏台分为前台和后台,前台演戏,后台化妆、休息等。定幕前放一张桌子,桌子每边一把椅子,分八字摆开。这便是戏台的全部摆设。

乐队伴奏常设在前台左角。霞浦越剧团的乐队人员也都是业余的,弦乐以京二胡为主,配以二胡、大胡和三弦。打击乐有的笃板、跋、大小锣鼓等。吹奏乐有唢呐。黄岩乱弹的伴奏乐器分文场、武场。文场有丝竹管弦和唢呐;武场有闹台锣鼓和表演锣鼓。

戏台虽然简单,表演却不能简化,动作全凭虚拟的时间、空间加以补足。比如,人出房间,必须有推闩开门的手势;人进来也要有关门的动作(除非剧情要求不开、关门)。上下楼梯,都必须有提裙子,抬一下脚、均匀地做十二下上下楼梯的掂足,并伴有转身。如有差错,"戏虫"是绝对要演员罚戏(所谓戏虫,指钻到戏里入迷的观众)的。

那时,霞浦的戏台有三处,江边堂的戏台是飞檐式的,最讲究,但江边堂已改为政府粮库,戏台不复存在了;衙门里(台州海防衙门)有个戏台,是石块堆砌的、露天的戏台,原为群众集会用的讲台。1958年,在此处建起了"葭沚大会堂",成为开会、放电影、演戏的综合场所;殿前(今集圣庙)外也有戏台,在南头,与庙门相对。后来移到庙内,坐落北头,戏台前有一小天井。这样,既便于卖票管理,也可避风遮雨(等于在剧院里看戏)。

葭沚的演戏,大会堂建成以前,一直放在殿前戏台。那时看戏,要自己带凳子,否则只能站着看,小孩子往往坐戏台角看戏。为此,不少人为看戏必须早吃晚饭,抢位置,肩扛长凳是看戏前的路上景观。

那时戏票价格,一般大人全票五分钱(该时米价为一毛钱一斤),小孩半票三分钱。小孩想看戏,三分钱不是父母能随便给的,有的小孩就去"扛戏牌",这样晚上就可以白看戏。所谓"扛戏牌",就是一长方形的牌(一般是木头的,像学校教具小黑板差不多),上边写着剧团名、戏名、演出地点、演出时间、大人小孩票价等内容。剧团里的人敲锣打鼓,两个小孩抬着戏牌,从下街到上街,从西岸到东岸,游一大圈。所到之处,人们都知道今晚(或下午)有戏、什么戏、在哪儿演出。

那时,中老年妇女最爱看的戏是"落难公子中状元,小姐赠银后花园",也就是《血手印》模式的,开始哭哭啼啼,最后欢欢喜喜,俗称"大团圆"。笔者最喜欢的是戏中的那些滑稽小丑,他们的念白特别有意思,有些念白,至今犹记得:

东西街,南北走,十字街头人咬狗。

捡起狗来打石头,反被石头咬一口。

又譬如:

人老了,人老了,人什么老?眼睛老。眼睛什么老?看不见的多,看得见的少;人老了,人老了,人什么老?耳朵老。耳朵什么老?听不见的多,听得见的少;人老了,人老了,人什么老?牙齿老。牙齿什么老?咬不动的多,咬得动的少;人老了,人老了,人什么老?头发老。头发什么老?白的多,黑的少。

前者充满哲理,人世间好多事情是颠颠倒倒、荒唐无比的,可有几个世人能洞察得透呢?后者用通俗的直白,概括了老年人的老态,道出了人生暮年之苦。

五十年代,葭沚戏台照明还是用汽灯(高压煤油喷汽灯)。越剧的人物出场还都采用"自报家门"的形式。乐队采用的曲调基本上是尺调、四工调、弦下调。还演奏一些曲牌(如拜堂成亲、洞房花烛等)。越剧开演前,为了营造气氛、催人静场,先来一段打击乐演奏,名叫"头通"。因为打击乐音量很大,演奏时间一长,使人"头痛",因此有人又谑称"头通"为"头痛"。那时,既没有今天的字幕,又没有扩音设备,这就要求两点:一是静场,二是演员唱功要好。

黄岩乱弹是到葭沚演出频率最高的剧团,葭沚民众特别喜欢它。不少人对剧团里的顶家旦、武旦、小生、武生、老生、老旦等如数家珍。人们尤其喜欢唱阴阳喉的顶家旦。黄岩乱弹拥有演出剧目三百多个,常演的概括为"七阁八带九记十三图"。当年在葭沚演出的剧目,以北宋杨家将见长,人们也喜欢看,特别是男女青年。如《穆桂英大破天门阵》《穆桂英挂帅》《辕门斩子》《天坡府》《醴陵碑》《双龙会》《金沙滩》《杨排风》等等。该剧团演出的连续剧《封神榜》曾轰动一时,上座率很高,连演不衰。其次还有《审潘洪》《探阴山》《薛丁山征西》《薛仁贵征东》《薛刚反唐》等也是观众叫座的剧目。

"文化大革命"后期,葭沚盛行民间庭院清唱越剧之风,很受民众欢迎,夜夜爆满。其中有一位人称王毛毛的演员最受听众欢迎。据说她真名叫王少楼,是浙江临海人,原为上海越剧院演员。粉碎"四人帮"后,各地重建越剧团,她到浙江乐清越剧团去了,不久录制了越剧电视剧《双玉蝉》,后又录制了越剧电视剧《山妹》,并与浙江越剧名家陈佩卿等出了《浙江越剧五小生唱腔专辑》。

随着电视的普及(尤其是卫视),喜欢看戏的人足不出户就可以把名家的节目看个够,把他们的唱腔听个够。相比之下,地方越剧团就显得不景气。民间剧团的生存空间只有到农村去,村里的领导班子成立、喜事、宗教节日、民俗节日等,习惯上还都要请戏班子演几场戏,烘托喜庆气氛,和谐民众关系。这样的"合同制演出",与以前传统的演出就很不一样。

互联网的普及,对戏剧更是雪上加霜。网络这个虚拟世界,好看、好玩,吸引人的东西太多了。相比之下,戏剧只不过是这个世界的"沧海之一粟"罢了。"戏曲小舞台,人生大智慧",这话是不假,问题在于表现人生智慧的道具太多了,人们也就不再去关注戏曲这个小舞台了。

电影往事

改革开放前,人们的文化生活极度贫乏。戏曲,除了几部样板戏,其他几乎都被批成了歌颂"封、资、修"的东西;几乎禁光了,小说也只剩下《艳阳天》《欧阳海之歌》等。虽然那时私下流行着一些手抄本,但大多是一些低俗的胡编滥造。这时的免费露天电影,却显得活跃、有些生机。

葭沚的露天电影,几乎每周放映一个晚上,放映地址一般放在葭沚东凉头(即星明大队晒场),场上竖两根毛竹竿,拉一个布幕就行。

每当放映的晚上,葭沚有星明、星光、五九、浦东、浦西、海鸥等大队的观众,还有周边的如栅浦、东京、义士街等农业队、渔业队的观众,可谓人流如潮,人头攒动。

电影开始前,先放幻灯片,内容是毛主席最新语录,或大队通知等。电影一开始,是该电影制片厂的徽标:光芒四射的天安门是北京电影制片厂,放光的五角星是八一电影制片厂,工农兵三位一体的是上海电影制片厂等。当人们一看到徽标和听到伴随的音乐,就静了下来,准备走进剧情。

那时,最常见的片子,苏联(当时)的有《列宁在十月》《列宁在1918》等;朝鲜的有《卖花姑娘》《金姬和银姬的命运》《摘苹果的时候》等;南斯拉夫(当时)的有《桥》《保卫萨拉热窝》等;中国大陆的有《地道战》《地雷战》《南征北战》《英雄儿女》《铁道游击队》《小兵张嘎》等。还有几部阿尔巴尼亚的片子,如《看不见的地平线》。

回忆这些电影时,人们的记忆中会激起几朵浪花:一是《卖花姑娘》的哭,不知博得了多少观众的眼泪,一场电影下来,观众哭声伴随始终。二是《看不见的地平线》中有个男女接吻的镜头,不少青年人反复看这片子,就是冲着看这个镜头来的,这些都是当时"文化沙漠化"特有的现象。三是《地道战》看不厌,从音乐到打鬼子,都像看戏剧一样。四是往往一部电影放映后,它的插曲就开始流行,如《卖花姑娘》《桥》《英雄儿女》《地道战》等。

那时放的电影都是盘式胶带片,一盘放光了,接下一盘,两盘交接处,银幕上有短暂的空白,这一下可乐了那些顽皮的小孩,他们立即把手伸进那缕光束,做出各种手势投射到银幕上,高兴极了,很有成就感。

上座率高的新片,往往几处同时放映,这就出现了"跑片",电影要停几分钟,并且观众不知道究竟要停几分钟,观众的预期心理被打破了,很不高兴。所以,人们最讨厌"跑片"。

赤脚医生

1968年,主流媒体介绍了上海川沙县创办农村合作医疗的经验:农民参加农村合作医疗,小伤小病不出村(大队),吃药看病不要钱。每个大队都有一个医生,这个医生不是医学院分配来的,而是大队自己培养的,被称为农民自己的医生。因为以前农民都是赤脚下田种地的,所以农民自己的医生就叫"赤脚医生"。

1969年,葭沚镇也推广"合作医疗"制度,以缓解农村缺医少药的局面。当时葭沚有三个农业大队(星光、星明、五九大队)和三个渔业大队(浦西、浦东、海鸥大队,均属椒渔公社),每个大队选送一个文化程度相对比较高的年轻人,周边的栅浦公社、椒渔公社、海门区各大队也都选送一个,总共二十个左右。集中在烈士山东南面培训,培训分三期,教师从海门中医院、葭沚医院、栅浦医院、椒渔诊所、海门诊所等部门抽调。培训的内容为解剖学基础、常见病病理学基础、常用药(包括西药、中医、草药)基础,以及针灸、采血、化验、打针等基本技能。每集中半个月,到医院实习一个月。通过三期的培训和三个月的医院实习,其中

民俗事象回忆

会钻研、能努力的相当不错,后来成为村里的预防、医疗骨干力量和村民信得过的基层医生。

"赤脚医生"这个名称是时代产物,它随着时代的变化而变化(现在社区的基层医生称"全科医生"),但治病救人、病有所医等这些主旨是无可非议的。

服盐霜

"文化大革命"后期,葭沚流行起服盐霜的风潮。所谓盐霜就是把食盐溶化成饱和盐水,澄清后,取清澈的部分,倒在白色搪瓷面盆中,放炉火上熬。这样反复多次,白色搪瓷面盆中会结出白白的盐霜。据说,吃这种盐霜能祛病强身。有的人还自己摸索,把朱砂、雄黄(此两味均为矿石,可入药)也一起入熬制。没多久,此风即自行消散,听说有的人服出了肾衰的毛病。

服盐霜有两个源头可溯,一是道教的炼丹,二是魏晋的"服散"颓风。由于道教的炼丹比较复杂,这里不作介绍,下面就介绍魏晋"服散"颓风。

魏晋时代政局动荡不定,士大夫阶层竞相奢谈老庄、服散、饮酒,多采取消极避世的人生态度。所以,服用"五石散"风行一时。"五石散"又名"寒石散",因为服散的人除了要饮热酒外,只能吃冷的其他食物。"五石"指的是礜石、紫石英、白石英、赤石脂、石钟乳。其中的礜石就是今天的砷黄铁矿(FeAsS),又叫毒砂。五石散中的另四种没有明显的毒性。一个人初期服用少量五石散,能加强消化机能和改进血象及营养状况,因此出现"进食多"和"气下颜色和悦"的现象,并伴有"瘙痒"和"厌厌欲寐"的中毒现象。汉代有治疗"五劳七伤"虚弱症的"侯氏黑散"和"紫石寒食散","五石散"是由这两个方子改变而来的,魏尚书何晏最先服用,何晏属曹氏(曹操)集团,不久司马氏起而代曹,他也被杀。而服用五石散却在当时的贵族士大夫阶层风行起来。隋巢元方《诸病源候总论》记载了晋代名医皇甫谧服散感受自述,他"隆冬裸袒食冰""浮气流肿,四肢酸重"等,他服散七年,最终毙命。

"五石散"药物昂贵,非富贵人家是吃不起的,且吃药后禁忌又多,药力"散动",痛苦不堪,但服散之风却愈煽愈炽。《世说新语》《太平广记》等书记述了很多当时服散的人物故事。魏晋一代名流如何晏、王弼、嵇康等都是服散的倡导者。很多名士把服散当作一种时尚;也有人把服散当作不奉皇帝又不致获罪的借口;也有人把服散看作"居丧无礼"不拘礼教的由头。如《晋书·贺循传》载:当时陈敏作乱,"诈称诏书,以循为丹杨内史",卢循就服寒石散,披散头发,袒露身子,弄得陈敏只好作罢。又《晋书·王戎传》载:王戎为齐王冏谋划时,由于出了不合时宜的主意,险遭杀身,幸亏他假装服散药发,掉入厕所,得以保全性命。

当时,服散成为贫富的标志之一,"看吃药与否以分阔气与否"。以致闹出有人无钱吃这种药,偏要冒充服散的笑话。"五不散"主要用作治疗"房室之伤"的强壮剂,何晏伤于酒色,服后"首获神效",以致纵情声色的贵族士大夫却纷纷效仿。

注射公鸡血

葭沚民众中曾流行注射公鸡血之风,其目的是求养生。

打公鸡血养生的来龙去脉大致如下:上海无线电三厂有个叫俞昌时的医生,1952年,他偶然量了量鸡肛门的体温,竟在42℃以上。他推断,鸡的常温如此之高,出自其神经中枢的调节作用,以及其血液发热机能好的缘故。中医传统理论中不少谈到用鸡血内服或外敷治病的记载。俞昌时想,鸡血外敷、内服都没事,注射又将如何呢?

他先在自己身上注射,头一两天,他觉得精神舒适、食欲增加,三四天后,发现脚癣、皮屑病等顽症都痊愈了。他把注射对象扩大到自己15岁的女儿、一个大腿发炎的农民、一个患阴道癌的妇女,都在短时间内获得了很好的疗效。

"大跃进"之风兴起,俞昌时借着大搞"技术革命"的东风,开始在本厂职工中铺开注射,一个多月内注射了300多人,许多人都疗效显著,这便是鸡血疗法的肇始。1964年12月,俞昌时给卫生部写信,要求早日组织中央鸡血研究会,他要求调到北京做鸡血疗法的研究工作。同时他还写了一封致"中央科学院郭院长并转诸位首长和同志们"的信,要求其组织人员、调查研究后大力支持并倡导"鸡血疗法"。

1965年6月2日,上海市卫生局召开专家座谈会,坚持认为,鲜鸡血有异性蛋白过敏性血清反应存在,不安全。7月23日,卫生部下发了《关于"鸡血疗法"的通知》,同意上海市卫生局调查报告的看法和处理意见。通知强调:今后,应禁止医务人员用鲜鸡血给病人治病,以免发生过敏危险。

1966年秋天,有一张署名某省卫生学校红卫兵的,对鸡血疗法进行了批判,并归罪于卫生部。本来人们不知道鸡血疗法,通过"大字报"及层层转抄,使"鸡血疗法"流向全国。

1966年12月28日,卫生部迫于压力,下发通知,撤销1965年7月月3日的《关于"鸡血疗法"的通知》。同年12月发表《彻底为医药科研中的新生事物——鸡血疗法翻案告全国人民的公开信》,为"鸡血疗法"翻案,还出了一本《鸡血疗法》小册子。那本《鸡血疗法》散布全国各地,至今依然存在许多人家中。

那时,很多医院注射室门口开始排起长队,人人提着健壮的公鸡,一边等护士出手,一边交流打鸡血的体验和传闻。

"注射鸡血"来如洪,返如潮,1967年年底,就有大量传单,说"鸡血疗法"弊端很多,有不少人因此中毒身亡等。消息有名有姓,传闻如野草疯长,民众无所适从,"注射鸡血"热潮迅速平息。

凡士林·蛤蜊油·雪花膏

凡士林是石油分馏的一种产品,通过提纯加工,可作保湿、滋润、防干燥用。二十世纪五十年代,人们使用的"金刚钻发蜡"主要原料就是凡士林,"金刚钻"是品牌。如头发干枯,抹点金刚钻发蜡,头发就会变得乌黑发亮。那时,男青年理个西发头已是很时尚了,如果再抹点发蜡,那给人的感觉是"油滑"。这样的男青年,私下里被姑娘们称为"油头小光棍"。戏曲《龙凤锁》戏文里就有"哪里油头小光棍,半夜三更来敲门?"戏剧里的油头小光棍指主角林逢春。所以,凡士林给二十世纪五十年代的人们留下的印象是很深的。

雪花膏是二十世纪五十年代很流行的化妆品,雪花膏不是化妆品的品牌,而是那时护肤化妆品的统称。雪花膏是非油腻性的护肤品,涂在脸上犹如雪花落在地上很快融化而得名,雪花膏有贵点的,也有便宜点的,当时的"友谊"牌雪花膏是比较畅销的。

蛤蜊油是二十世纪六十年代至八十年代前期在市场上很畅销的护肤油,因它用海鲜文蛤食用后的壳来包装,故称蛤蜊油。

壳里的油显白色或黄色,原料以凡士林为主调出来的无气味的护肤油。蛤蜊油之所以为人们喜欢,是因为价廉物美,它的包装像一只文蛤,很可爱;只有三分钱一只,蛤蜊油的油脂含量高,对治疗冬季的皮肤干燥、手足皲裂效果不错,小孩尤为喜欢大人用完油后的蛤蜊壳,收藏起来当玩具。

1987年后,金鸡奖获得者潘虹为"霞飞金牌特白蜜"做广告代言。随之而来,各种各样的化妆品通过电视广告,向老百姓狂轰滥炸,使人头昏目眩。其中的"大宝,天天见!"还是人们喜欢"见"的。

狗捣米

二十世纪七十年代以前,葭沚有一种乞讨叫"狗捣米",乞丐左手牵着一条体形很小的狗,右手拿着一个仿捣臼的木架,肩上挎着一个布袋。不管主人答应与否,一来就把木架放在你家门口,小狗条件反射似的,立即把一只前肢踩到木架的捣杆上,一踩一放,这样捣臼也就一下一下地捣起来。最常见的捣十下,每捣一下,乞丐都说一句吉利话:一捣长命富贵;二捣谷米成仓;三捣金玉满堂;四捣四六皆会(指手艺件件都会);五捣五子登科;六捣六国为丞相;七捣七子保团圆;八捣八仙来庆寿;九捣九龙来献宝;十捣十足完全,生个娃娃中状元。

乞丐念完十句后,叫狗"谢下",狗立即前脚伏地,此时,主人一定要给乞丐一撮米,或一两分钱,给饭菜,乞丐不要,主人不给,狗谢着不起。

茅 坑

葭沚民众使用抽水马桶,随着商品房的普及而普及。此前的老房子,都是家里放着马桶和便桶,前者大便用,后者小便用。马桶、便桶满了怎么办?每天早上只要你把它抬到葭沚街两边放着,自有环卫工人为你清倒、洗涮,事后你去提回空桶,天天如此。农民大多在自家屋边空地埋一口茅坑(陶瓷的缸,一半埋入地下,一半在上边),把家里的大小便倒在茅坑里,作农肥使用。

葭沚民众习惯把太阳叫作"日头佛",把灶君叫"灶司佛"等,他们认为茅坑里的大小便是污秽之物,如果这种污秽之物直面日头佛是罪过,所以茅坑都加盖,或在坑上搭一个三角茅草蓬,不仅可以把茅坑遮盖起来,人还可以直接在茅坑上大小便,减少倒马桶的麻烦。如果人蹲着使用叫"蹲坑";如果想坐着使用,一般要在茅坑上放个木架子,叫"茅坑马"。一般茅坑里都要放些稻草之类,叫"坑酿",它的作用是防止大便时坑中污水溅到屁股上。葭沚民众把有用的人比作"栋梁之材",把没出息的人叫作"茅坑马料"。

掏　肥

葭沚镇的南边有许多几乎是纯农业的生产队,在以人粪尿为主肥的年代,为了农业的丰收,这些生产队的农民每在农闲季节都要到葭沚掏肥。常见的掏肥有以下几种形式。

一是两三个人一小组,到葭沚街道上、学校及各单位清扫垃圾,把清扫的垃圾运回去烧灰作肥料。

二是季节性的掏肥,主要是买臭货、尚鱼水(加工海蜇的废水)。所谓臭货,是春季沿海小虾大发,渔民晒炊皮、虾皮来不及,或没太阳,就把这些小虾倒在石板坑里腐烂发黑发臭,然后运到码头作鱼肥料出售。所谓尚鱼水,是秋季尚鱼加工残留下来的脚料,也当作鱼肥出售。每当这个季节,葭沚长泾上掏臭货的小木船成排成队,日夜不断。

三是个别的出来拾粪,一把小耙,一个小箩筐,不管牛粪、人粪、狗粪,一概拾,但量很有限。

四是打坑岩,所谓坑岩是指茅坑里长期沉附在坑壁上的污垢,把坑淘空,干后,用小铲轻轻地打凿,它就会一片片下来,据说坑岩含磷、钾等特别高,是给特殊植物施的肥。

五是最普遍的，就是几乎每天早上都在叫喊的掏肥。当时一便桶的小便可掏到七角钱（该时米是一角一斤），一茅坑的肥要好几元钱，肥那么贵，就诱发人们作假，在茅坑里、便桶里大量掺水。还催生了"茅坑老板"这门行业，这些人在沿路埋没多口茅坑，抓掏肥收入，人们戏称他为"茅坑老板"。

从掏肥这件事，我们可以感受到当时农民生计之艰难，经济之枯竭。

陋习两则

并非所有的习俗都是好的,有些习俗不仅是糟粕,而且是违法的。

葭沚有一部分民众习惯把中药煎服后药渣倒在街上路中间,让千人踏万人跨,以为这样,吃药的人病就会好得快。这从认识论上讲是迷信,从社会公德上讲是缺德行为,不仅给路上的行人带来不便,而且污染环境,应属陋习。

葭沚还有一个习俗,叫"喝死人卤",这个习俗在二十世纪五六十年代还在流行。我记得有户人家,婆媳关系紧张,后来婆婆跳河自杀。婆婆这方的人要这位媳妇喝婆婆的死人卤(即尸体腐烂流出的液体)。他们认为:婆婆是媳妇逼死的,媳妇要对婆婆的死付出代价,媳妇喝死人卤既是对婆婆灵魂的安慰,也是对其他人的一种交代,更是警戒步媳妇后尘者。对法治社会来说,貌似有理的"喝死人卤"是侵犯人权的违法行为,是粗暴野蛮的行径,是典型的民间陋习。

消失的职业

社会有代谢,往来成古今。随着社会的发展,好多东西都会成过去,当然职业也不例外。

擒碗:以前,葭沚民众把碗盏分成粗碗、细碗。粗碗,指质地、材料粗糙,且价格便宜的常用陶瓷碗。细碗,指质地细腻、材料精细,价格不菲的请客用的陶瓷碗,如景德镇的瓷碗。细碗破裂了很可惜,擒碗的工匠能把碗擒好。擒碗工先用手钻把破碗片按原位钻上对应的小孔,然后用金属丝做成的"擒"(是两头弯曲的小拉钩)将破碗片拉住,再在金属钩与碗片间涂点什么,不使金属"擒"脱落,就行了。这种职业到二十世纪六十年代在葭沚就几乎绝迹了。

补锅:以前,葭沚民众使用的锅都是生铁翻砂铸成的,锅的大小以尺为单位衡量,常见的家庭用锅是尺八、尺六。由于生铁脆,易破裂,一旦锅破裂就需要串街走巷的小铜匠来补锅。一般小铜匠都会叫主人找个铜板(铜币),把它熔化,用铜水弥补小孔或裂缝,冷却后就好。这种行业在葭沚二十世纪七十年代末就已消失。

换糖：换糖人肩挑一对竹编的箩筐，箩筐的上边放着棕箬包裹着的一盘麦芽糖，手里摇着拨浪鼓，串街走巷。小孩远远听到这种声音，就把早已准备好的废物拿出来，等换糖客来换糖。之所以叫换糖，是因为它直接以糖易物，不必通过货币转换。至于换糖的东西，五花八门，都是家里用不着了的，如猪骨头、头发、豆仁壳、破鞋、鳖甲骨（鳖壳）等。换糖人根据你换物的价值，给你敲出相应价值的麦芽糖。

卖水：二十世纪五十年代初，葭沚早上有沿街叫卖山水的（就是今天的矿泉水，葭沚葭山头坳里有口井，人称"坳里井"，这井里的水特别清冽甘甜，葭沚民众尤其喜欢用它烧开水喝），是肩挑的。卖水人挑着一对水桶，每个水桶里放着一叶水酿（防止水摇晃而淌出），敞开衣襟，扁担不停地从这肩换到那肩。一担水八分钱（当时一角钱可买一斤大米）。

卖白罗帐：白罗帐与蚊虫香同类，都是以焚烧发烟而达到驱蚊目的。蚊虫香至今仍流行，而白罗帐却已绝迹。所谓白罗帐，是锯木粉屑，添加点驱蚊原料（如雄黄等），再用纸把它包成大拇指大小的长长的卷，然后把它盘成一盘一盘的即可。

打镴：这里的打镴不是今天的地板打蜡，而是指加工锡器。葭沚民众习惯称"锡"为镴，"打"指打造、加工。锡，虽为金属，但熔点很低，很软，易加工。打蜡师傅把各种旧的锡器、废锡等统统加入炉中熔化，然后倒入模板压成锡板，再剪裁、焊接，做成各种锡器。最常见有"镴壶""酒壶""镴祀台"（是祭祀时插香、插蜡烛用的)等。上手的打镴师傅还可以在锡器上敲打出各种花纹。那个年代,葭沚民众女儿出嫁,都要一套锡器(镴壶、酒壶、镴祀台)陪嫁。

市　日

市日,指集市的日子。府城天天市,县城三、六、九(指农历逢三、逢六、逢九的日子),下面城镇五天一市,葭沚是四、九(农历逢四、逢九)为市日。

市日,是葭沚民众商品交易的日子。规模从葭沚南面的天心桥头一直排到十字街,街两边摆满各种各样的东西。从农民的瓜秧、禽蛋到艺人的"看西洋镜",大力士卖膏药,市民卖旧衣裳、小吃,手艺人篾作、木器等都有,私下还交易布票、粮票、煤票(计划经济时代,什么都要凭票供应)等。有些交易已形成固定场所,如卖禽蛋放卖鸡巷,买卖米糠到糠行,看病就医到方泰来等。时间是从早上到中午,下午清扫街道。这一天,也是小偷的"丰收"日。

小儿游戏

改革开放以前,儿童公园、娱乐场所是很少的。即使有,也不是一般家庭的孩子所能玩的。一般家庭的孩子只能与邻家的孩子们一起玩,常玩的游戏有以下几种:

办果果:"排排坐,办果果",这个游戏既友好,又简单,且"满足"小孩的口腹之欲。几个小伙伴,一起去捡一些碎瓦片等当碗、锅,采些草叶、树叶、花、小昆虫等当菜,小伙伴们分分工,谁洗菜、谁烧火,烧好了,把菜装在碎瓦片上,放在一起。小伙伴再坐成一排,每碗菜大家轮着吃(嘴做做吃的动作,发出吃菜的声音就行),共同分享。

打乌龟:游戏规则是,一个人充当乌龟(一般第一个人是自愿的。如果谁也不愿意,可以通过"石头、剪刀、布"决出最后输者充当),充当乌龟者,必须把两手、两脚都撑在地上,这样,屁股撅得高高的,供其他小朋友打。其他的玩者兴高采烈地打乌龟屁股(即所谓打乌龟)。如果你打乌龟的其他部位而不是屁股(触及也同样),则轮到你做乌龟,原来的乌龟就解脱了。还有,当你打乌龟的屁股时,如果被乌龟的脚踢中,也就轮到你做乌龟了,原乌龟解脱了。这个游戏,一般为男孩玩,它的目的是从小培养人的警觉性和自我保护意识。

造屋:造屋亦叫造房子。选一块有一定长度的空地,在地上划出像梯子一样的十个方格,方格大小最好像写字台面大小,其中的第七格和第九格中间画一条线,把它们分成左右两部分(目的是在这两格允许两足下地,缓冲单足跳疲劳),这样共十二格,也就是十二间房子。参加游戏的人必须两个以上,也不要太多,否则轮回的时间很长。造房子的过程是,人站在第一间房子底线外(不能踩线,也不能过线),把铜钱串(或贝壳串、木珠串等)先丢到第一间,单足跳进第一间,把串捡回来,再单足跳回底线外。这样依此类推,直至十二间跳完,你就得到了一间屋(得屋按顺序,从第一间到第十二间)。投掷串既不能投错房间,也不能使串踩线,过人家已造好的房间,必须单足跳跃过,如跃不过去,须说声"借路"。否则,你停造,由下一个接上来造。最后,参加游戏的人房子比多,以定输赢。造屋游戏培养的是小孩的投掷准确度和脚的跳跃能力及身体平衡能力,使他们从小就有了"劳动创造财富"的概念。

捉花绞:捉花绞也即挑花线,拿一根八尺长左右的线,把线两端连上,形成线圈。通过两手十指的勾挑,用这根线圈勾挑出各种几何图形。一般由两人对挑,由一人把线勾挑成一定的几何图形,另一个人用十指在他手中接过,勾挑成另一种几何图形,这样两人反复往来,勾挑出来的图形尽量不同,以比较手的灵巧和头脑的灵活,花样的多少。勾挑的过程中,一旦出错,线就会结成一缕。这个游戏,一般女孩子喜欢玩。

此外,还有"摸夜游"(把眼睛遮上,去摸人,且说出名字等)、捉迷藏(躲猫猫)等,也是小孩很喜欢玩的游戏。

以上提到的这些小儿游戏,具有明显的时代特征:一是那时经济困难,一般人家连温饱都解决不了,不可能拿钱给儿童买玩具。这些小儿游戏都就地取材,不需经济成本和投入,且又益智健身,培养团队精神和劳动观念。二是那时自然生育,家里孩子多,家长放开手由他们尽情地玩,不像计划生育后,一对夫妇一个孩子那么娇贵,又要上幼儿园,又要家长接送,又要学钢琴、跳舞等,孩子不能自主。

拗罾・推䍩・钓蟹・钓弹涂

拗罾：织一张网，形状大小与床单相仿，网孔与大拇指指甲大小。两根竹竿十字交叉，中间固定住，把方形网的四个角系在两根竹竿的四个角顶端，由于网的拉力，两根竹竿形成弧形。再弄一根竹竿，一端与撑网的两根竿的交叉点固定，另一端自由。再用一根长绳子系住竹竿的交叉点，这样拗罾就做成了。用的时候，竹竿的自由端顶在岸边某处，作为力的支撑点，绳子往身边拉，罾就被拗起离开水面，罾里有鱼无鱼就可看见。绳子一放松，罾就沉入水中。过一段时间再拉一次绳子。

推䍩：织一个像被套一样的网，网有两层，只要一方开口，口子的上一边镶浮标，保证它浮在水面；口子的下一边镶锡锤，保证它能沉入水中。再用两根像挂蚊帐的竹竿，每根竿子的一端与网口的一端系牢，两根竹竿的另一端自由。使用时，把两根竹竿的自由端交叉在脐部，前两端保证网口不被合上，浮标在水面，锡锤在水中，䍩网就像张开口的袋子。推䍩人靠腰部的推力，推动䍩网前行。如有鱼进入网袋，就出不来了。过一段时间看一次网袋。推䍩作业要涨潮时在海涂上行走，人的下半身都浸泡在海水中,为了减少水的阻力,推罱人往往不穿裤子作业。况且,海水的涨落是二十四小时轮回的,人的作业时间也随之轮回,在人们的心目中,推罱人是很辛苦的,往往一个人夜里(尤其是下半夜)在海涂上的水中行走,脖子衣领上斜插一盏灯笼,有时还会碰上漂浮的尸体。所以葭沚的民众买推罱人的鱼虾等是不砍价的,否则,会遭人非议。

钓蟹:一根竹竿(同一般竹的钓鱼竿差不多)前端系一根线,线长与竹竿高度差不多,线的下端系有一点诱饵。天气晴好,海涂上的招潮蟹出洞寻找食物。钓蟹的人左手拿着竹竿子,右手拿住线端的诱饵,腰上系着一只竹编的"马笼"(是竹编的放鱼蟹等用的笋筐,因其形状同马的笼头相似,故人称"马笼"),人行走在江堤上,见哪只蟹位置适中,右手把诱饵打向它,蟹见食物就抱住它。根据摆的原理,抱着食物的蟹会自己荡回到钓蟹人的手中,钓蟹人取下蟹,放入挂在腰上的马笼内,又选择下一个目标。

钓弹涂:弹涂是指弹涂鱼,鱼体只有手指大小,身灰色,因在海涂上灵活弹跳,故名。弹涂肉质鲜嫩,除了鲜食,还往往把它烘烤成弹涂干,以前葭沚产妇坐月子,要用它烧姜汤面。钓弹涂与钓蟹技术一样,只是钓的对象不同而已。钓蟹、钓弹涂要求人的动作准、快,眼要灵。在旁人看来,富有技巧性。

拗蚩、推罱、钓蟹、钓弹涂都是二十世纪五六十年代前的事(七十年代还偶尔见到)了,现在,均已消失。

葭沚渔家特色菜

葭沚居住人口中,渔民占三分之一。葭沚渔家的几味特色菜在其他地方是吃不到的,即使能吃到,也不正宗。

说到葭沚渔家菜,人们首选尚鱼花。秋季,尚鱼(海蜇)加工时,要把海里刚捕的新鲜尚鱼用小竹刀刮净,把头与身分开。这些刮下的以及加工留下的下脚料,放在锅里一汆,就浓缩成一朵朵像花似的东西,颜色有白、有黑、有嫩黄,再放点姜葱,又香又软口。一两角钱就可买到一碗,有时还热腾腾的,可惜此菜已绝。

葭沚户艚鱼,又鲜又美,梭子蟹、白虾、毛刀(刀鱼)、梅同、黄鲼(鳐鱼)等,样样讨人喜爱。其中以碗口大的黄鲼最好吃,不仅鲜嫩,口感极佳,骨头都是酥的。由于它形状像麦饼,渔民习惯叫它"油煎饼"。

带鱼肚,带鱼季(下霜的季节)捕到又大又鲜的带鱼,给它淡淡地腌一夜,第二天晒到六七分干,再切成一段一段,放到饭上一蒸(蒸前放点黄酒、姜葱)。饭熟后锅一打开,香气扑鼻。蒸出的带鱼最好吃的部位要算带鱼肚,吃起来又软又香,又没刺。葭沚渔民有句顺口溜:"吃功带鱼肚,摇船小边橹。"

咸虾扁,把刚捕到的软壳大白虾,淡淡地腌一夜,第二天晒到六七分干,放点姜葱、黄酒、猪油,烧饭时蒸熟,下饭时,胃口大开,口味自不必说。

糟鱼生,渔民习惯把捕到的小带鱼称为"白带",放在坛子里腌成熟,再浇点烧酒,上面再封一层糯米酒酿,盖紧。过一段时间,打开,香气扑鼻,下饭极佳。

霉鳓鱼,这一道菜,现在饭店里也有,只不过它大多是用化学方法加工的,不是自然而成。但口感、气味基本相同。这道菜有特殊的味道,也很下饭。

储蓄罐

二十世纪八九十年代,人们走在街上不经意地会看到许多"储蓄所",有的是银行开办的,有些是信用社开办的。从那个时代过来的人,对储蓄所都怀有一定的感情,它使你把小钱变大钱,零钱变整钱。一年下来,或几年下来,取出来可购置一件像样的东西,如缝纫机、电视机、电冰箱等,既可靠又方便。

储蓄所是大人的事,小孩模仿大人储蓄所的做法是储蓄罐。买一个陶瓷的大肥猪或胖娃娃,上边开个小小的投币口,把父母给的零钱随时塞进口里,到要用的时候取出。

储蓄所也好,储蓄罐也好,都是计划经济年代(那时工资,一般人每月只有三四十元)提倡勤俭节约的产物。当下是市场经济年代,提倡刺激消费,人们的工资也数目可观,储蓄成了背时之举。如果算经济账,储蓄是"负利率"(银行的存息远远跟不上物价增长)。眼下,有钱的人也多,消费一浪高过一浪,从国内走向国外,从购马桶盖到化妆品,从教育到看病,从注射睾丸素到羊胎素,几十万几十万地花,几百万几百万地花。只有健康是自己的,只有年轻、漂亮最值钱,"颜值"是最有用的。说来也是,中

民俗事象回忆 | 173

国的道家说"人生如白驹过隙",释家也说"人生如梦"。从这个意义上讲,人生还要储什么?储又何用?蓄又何益?

储蓄罐古已有之,古人称之为"扑满",又称"悭囊""闷葫芦"等。《西京杂记》中说:"扑满者,以土为器,以蓄钱,具有入窍而无出窍,满则扑之。"

在哲人的眼中,储蓄罐是"满则招损"的代表物,敛钱财必招致祸害,写储蓄罐的诗云:

> 寒暑衣一称,朝晡饭数起。
> 钱能祸扑满,酒不负鸱夷。
> 只爱满我腹,争知满害身。
> 到头须扑破,却散与他人。

元代诗人艾性夫曾有扑满诗道:

> 区区小器安足怜,黄金塞坞脐亦然。

像董卓一样,造了个万岁坞,藏了黄金无数,结果被人杀死。肚脐放灯芯当灯点了七天七夜。

汉武帝元光五年(公元前130年),公孙弘被国士举荐入京。当时邹长倩送给他一个扑满,要他警戒"入而不出,积而不散"的危险。

口味重,家里穷

葭沚人私下里有一种说法:口味重,家里穷。意思是说,口味特别重的人,家里也往往特别穷。

从二十世纪五六十年代过来的人都心有体会,那时,人们所企求的是有饭吃,能吃饱。至于下饭的菜,一年到头,咸菜打底,偶尔吃点菜干(有咸、有淡),菜季里加点冬瓜、南瓜、丝瓜、茄之类。有的家庭,人口多,收入少,连咸菜也吃不起,因此咸菜里再放盐,叫家人咸菜也省着吃。有的人家,为了调节一下口味,买点虾皮和盐各半放在一起炒,再放上一点猪油,叫"虾皮盐"。大家吃一口饭,筷子头点一下"虾皮盐"下饭。也有人家自种芝麻,把三分之一的芝麻和三分之二的盐一起炒,放点猪油,名"芝麻盐",筷子头点着下饭。再有的人家将黄豆或豌豆放在锅里炒,豆熟后,泼上事先准备好的饱和盐水,使每粒豆包上一层白白的盐花。这样,你就不可能多吃。诸如此类,不一而足,生活在以上家庭里的人,口味就重。

还有种重口味不是咸而是辣,买辣酱、腌辣椒。辣椒、辣酱不仅经济实惠,且易下饭。

现代科学告诉我们，辣椒的"辣"，名"辣椒素"，是一组生物碱。当它接触你的口腔内膜，通过神经传递，刺激大脑，令其产生补偿机制，释放内啡肽，使人产生快感。

中国传统口味中最被尊重的味觉是"鲜"，品尝鲜味，需要调动舌头各部位的味蕾，同时感觉不同层次的食材味觉，细细回味，要有一种悠然从容的心境，才能得出其中妙处。可见，"鲜"是高成本的（包括食材，如山珍海味；包括时间修养，如有闲阶级的文化人；包括加工，如名厨、名师、名佐料等）。

现代科学告诉我们，"鲜"是多种呈味核苷酸、谷氨酸、氨基酸、多肽以及脂类的一个组合，是优质蛋白质的滋味。中国鲜味历史发展源远流长。周朝就有"治大国若烹小鲜"的说法，典故出自厨师尹伊，他发明了一种烹调酱，用山上的野蘑菇、野鸡和猪骨头熬制数十小时（蘑菇中含有较高的乌苷酸钠含量、野鸡中含有较高的谷氨酸钠和肌苷酸钠），把它熬制成一种调味酱，加到食品中特别鲜美。这就是中国人最早的鲜味剂和调味品。到了汉代，发明了酱油。明清时期，名菜佛跳墙也是将多种鲜味原料混合，而成就了鲜、香、营养丰富之名。近代日本从海带中提取了味精，而中国的吴蕴初则从面筋当中提取了味精。现代鲜味产业已发展出了以鸡精、蘑菇精、牛肉精、鱼精等多种复合鲜味料。

时下，麻辣烫遍地开花，火锅处处蹿红，辣榨菜包的销量成了衡量农民工多少的指标，原因就是其低成本、快节奏、大众化。

人不可貌相

在人品和福禄等与长相的关系上，葭沚民众基本上还是遵循"人不可貌相，海水不可斗量"习俗的。但葭沚的看相、算命、测字等阴阳先生始终存在，且生意不错。我所目睹的两例看相，至今令人难忘：

例一，葭沚一位"老单身"，解放前他是一位长工，解放后，地主打倒了，他成了生产队的社员。两条长凳、一张床板、一条棉被、一个缸灶、一张桌子，这便是他的全部家当，可谓一贫如洗。再加上年龄偏大，只好独身生活。经济困难时期的1961年，乡下一位四十多岁的妇女，带着一个孙子，到葭沚要饭。在人家的撮合下，她与这位老长工组成了家庭。一次，一位看相的正好撞上这位老长工，边上的人半开玩笑地说："给他看看。"看相先生把老长工打量了一番，说："此人未生儿子先生孙子。"边上的人又说："先生开玩笑，没儿子哪来的孙子？"看相先生笑而不答。事后，人们都暗暗称奇。

例二，葭沚金某，是婶娘领养的。一次，其婶娘在带孙子，一位看相的先生从后背方向看她走路，说："这女人不出后。"边上人说:"别乱讲,她孙子都有了,怎么不出后呢?"看相先生肯定地说:"我绝对不会看错。"边上人打心底里服了。

人是否可以貌相呢?据发表在《英国皇家学会志:生物科学》上的一项最新研究显示,男人脸部宽度和长度的比例越大,越有可能进行不道德行为。而这种宽高比,部分是由男人体内睾丸酮激素的增加积聚引起的。这就是说,人可以貌相是有科学依据的。

再如手相,不少人相信手掌的纹路与人生的健康、爱情、子嗣多少存在一定关联。无数的文献和经验证明:无名指比食指长的男人,更具运动天赋,更具爱情的吸引力,会拥有更多的子嗣。研究者认为,男人无名指长度与睾丸酮有关。

人可以貌相,还因为"世事无相,相由心生"(《无常经》),就是说一个人面相是他心境的显现。唐代的裴度少时品行不端,一行禅师看到裴度的脸相后,见他印堂发暗、嘴角纵纹延伸入口,恐有牢狱之灾,劝他积德修善。裴度听从一行规劝,积德行善。后来又遇上一行,一行见他目光澄澈,面相大贵,说他日后可为宰相。

美国总统林肯似乎也信这个。一次,林肯面试一位中年应聘者,学历、能力、履历都不错,却不录用。幕僚问其原因,林肯说:"我不喜欢他的长相!"幕僚不平地问:"难道一个人长相不好,也是他的过错吗?"林肯回答:"一个人四十岁以前的脸是父母决定的,四十岁以后的长相是自己决定的,他要为自己四十岁以后的长相负责。"林肯的意思是说,长相是人自己修得的,四十岁以后的人,心智都已成熟,所以要对自己的长相负责。

赵宋时的陈希夷说:"心者貌之根。"德国哲学家叔本华也说:"人的外表是内心的图画,相貌表达了人的整个性格特征。"

书　衣

书衣，顾名思义，即书的"衣服"，其实，是包在书籍外面的一层纸。现在的孩子对书衣几乎没概念了，原因是现在书太多了，孩子得到书也太容易了，再加上出版社有些书已有"封腰""书衣"（俗称"双封"）。二十世纪五六十年代，书少，经济拮据，人们得到书不易，尤其是得到一本自己想要的书，弥足珍贵，只怕它脏了、破了，找一张四四方方的纸，把封面和封底包起来。做书衣的纸，以牛皮纸为佳。读小学、初中、高中，乃至大学，笔者一直有给书"穿衣"的习惯。像我们这个年代的人，给书（尤其是刚领到的教材）"穿衣"（俗称"背书""包书皮"）并不陌生，那时葭沚小学的学生"包书皮"可以说是普遍习惯。

我们给书"穿衣"，仅仅出于爱护书、喜欢书、怕它脏、怕它破。有些名人、大家给书"穿衣"就不是仅仅这样。如当代名人孙犁，他也有这个癖好，他不仅包书，还在书衣上写感情、书评、记事等，为后人留下了珍贵的资料。孙犁的《书衣文录》（刘宗武整理）就是非常难得的写在书皮上的文字汇编。这样的文字，出于作者的不经意间，发自内心，清纯无杂，他在《菜根谭》书衣上这样写道：

> ……是保定河北大学哲学系学生所寄。……我不大喜欢这类书，以为不过是变样的酬世大观。既非禅学，也非理学。两皆不纯，互有沾染，不伦不类。这是读书人在处世遇到困扰时，自作聪明，写出的劝世良言及格言之类的东西，用之处世，也不一定行得通。青年人之所以喜欢它，也是因为人际之间，感到困惑，好像找到了法宝，其实是不可靠的法宝。

美人靠・猪娘扒・正襟危坐

受宗法政治的影响,中国社会几千年来重男轻女,对女子的言行举止要求特多。比如,女子要"笑不露齿,行不露履",反之,就被认为粗俗、无教养。今天,戏曲舞台上的大家闺秀还是保留这个形象:走路,两足在裙子里移动,从不外露。要笑,只是腼腆地微微一笑,如真的发笑到要露齿,那就扇遮袖掩。

葭沚民间"美人靠和猪娘扒"的说法就属这个范畴。少女遐思,往往一手托腮,静想片刻,这便是"美人靠"。美人靠给人的形象是"人面桃花两三朵,少女思春有几何?"有中国传统审美的"含蓄美",使人看不够、猜不透、体味无穷。

有的女子,一有空就两肘扒在桌子上,昂着头,活像母猪拱食,两肘用力,所以称"猪娘扒"(又叫"猪娘扑")。这种形象被视为粗俗直露,不符合中国传统审美习惯。

中国人的坐,也大有讲究。秦汉时期,一般是跽坐,先跪在地上,两小腿并拢,然后屁股坐在自己的脚后跟。后来又变为盘腿坐,就像今天的日本人、韩国人的坐。今天,普遍盛行垂腿坐。坐姿的演变,体现了社会生产力的发展、科技的文明、人性的解放。

中国士大夫提倡正襟危坐。正襟危坐,莫善于太师椅。正襟危坐是古人在社交场合的一种姿态,整一整衣襟,端端正正地坐在椅子上,一副神情严肃的样子。这椅子也有讲究,形象一顶官帽,叫官帽椅。坐者既不能斜倚也无法佝偻,只能身躯挺直。这看起来有些拘谨,其意义却在于显示道德伦理的方正。

中国人历来以方正为本,以方正为规。无论是宫廷、庙宇建筑,还是家居厅堂,两厢都以照中轴线依次延伸。形体正直的美学观念恰恰透视了儒家人文道德取向。"明主者,有法度之制,故群臣皆出于方正之治,而不敢为奸。"圆者中规,方者中矩,正己者才能正人。江南有句老话,"立有立相,坐有坐相",这是对人的一个起码要求。

今天,我们看到戏曲舞台上官员坐在椅子上,以正襟危坐呈现威严大气,体现的是主人对生活的理解和追求,折射"学而优则仕"的社会心态。今天的西式椅,追求软、曲、转,坐上去瘫成一团,这不符合中国人"坐有坐相"的要求。中国的士大夫(文化人),不是不知道舒适,在舒适与尊严、世俗与礼教之间,他们选择了后者。

俗话中的民俗事象四例

葭沚民众在长期的生产、生活实践中形成许多俗话。这些俗话在人与人的交流中显得既生动形象,又直观明白。这里略举四例,以斑窥豹。

演寿:葭沚民众批评某人动作迟缓,说他"像演寿一样"。该俗语中的"演寿"是源于戏曲《打金枝》,该戏中郭子仪做寿,舞台上排场宏大,郭子仪"七子八婿"成双成对,一一跪拜,既单调又费时,故曰"演寿"。

尖底红毛瓶:葭沚民众把那些不精自身业务,又见异思迁、这山望那山高,在任何行业都立不住脚的人,贬称为"尖底红毛瓶"。这里的"红毛"是指荷兰人。荷兰人曾殖民台湾,并骚扰台州沿海。葭沚的渔民常常在海上捡到漂流的、荷兰人丢弃的啤酒瓶,故称红毛瓶。其实红毛瓶是形同今天的玻璃啤酒瓶,也不尖底,"尖底红毛瓶"是人们的比喻,人们认为,平底的红毛瓶是能放稳的,到处放不稳的红毛瓶,除非你是尖底的。

游孤魂:某些人走路很慢,且在路上这个弄弄,那个弄弄。对这类人,葭沚民众往往呵斥他:"快点!游孤魂游到啥时候。"

这句俗话中的"游孤魂"源于葭沚民众对"十殿阎王"的信仰,信仰者认为:世界分为阳间和阴间,阳间为活人生活的世界,阴间是鬼魂生活的世界。人死后,鬼魂离开了肉体,它要经过十殿阎王的逐一审讯,最后大致三个去处:善者上天,恶者下地狱,一般者重新投胎。孤魂要游遍十殿阎王,时间要十四年多:前七殿,时间还较快,七天一殿(即葭沚民间的"做七"),到第八殿要一年时间(即"做一周年"),到第九殿要三年(即"做三周年"),到第十殿要十年(即"做十周年")。这十四年又四十九天的时间,都是孤魂必须经历的时间,其间,还必须一殿一殿地停过去。

墨鱼驻岩:如果好多人驻集在某一事物的周边,面对如此情境,葭沚民众往往会说:"干嘛!像墨鱼驻岩一样。"原来,在墨鱼(乌贼)繁殖季节,大陈岛靠水的岩壁上驻满了墨鱼(其实是在产卵)。

幸福院

养老是一个沉重的话题,过去如此,现在更是如此。时下,随着老龄化社会的加剧,老龄人口比例的速增,养老成为一个突出的社会问题。

在"大跃进"的浪潮中。葭沚政府为孤寡老人搞了个"幸福院",放在陶家里(陶家大院),意为让这些终劳一生的孤寡老人度过幸福的晚年。随着政府对"大跃进""调整、巩固、充实、提高"八字方针的实施,幸福院也就不了了之。

在原始社会,由于生产力的极度低下,食物极度贫乏,老年人最后把自己的肉体贡献给下一代作为食物而终了一生,这便是原始社会流行的"食老之风"。随着生产力的发展和人类文明的进展,周朝已开始尊老优老。真正多层次养老的是赵宋时代,宋代养老的第一个层次是主流的家庭养老。宋政府为了支持家庭养老,施行了两项制度:"侍丁"制度和"权留养亲"制度。所谓"侍丁"制度,是指对于有老人需要赡养的家庭,官府可减免其税收与徭役。如果家有八十岁以上的父母,可免除家庭成员的"身丁钱",并免除其中一位男丁的服役义务,以便使老人身边有子孙服侍、奉养。所谓"权留养亲",是一种特殊缓刑制度,即犯罪者,如果其父母年迈、无人照料,官府可以不立即执行判决,允许犯人回家赡养父母,待赡养结束后再执行判决。

宋代养老的第二个层次是辅助性的宗族养老。对于贫寒家庭的老人及孤寡老人,由其所在的宗族养老系统支持。宋朝时宗族福利开始制度化,那就是范仲淹创设的范氏义庄。"义庄"就如一个公益基金,定期向族人或族中贫困、孤寒人口发放钱米。苏州的范氏宗族中若有老人去世,也可以从义庄申领到十五贯至二十五贯的丧葬费。范氏义庄创立后,宋朝士绅纷纷效仿,成立义庄赡养族人。

宋代养老的第三个层次是民间的慈善养老与互助养老。在南宋时期已出现了民间慈善人士创办的公益性孤老院。在徽州新安还出现了一种类似于养老保险基金的民间结社。有个苏姓知县顺应新安"民嗜储积"的习惯,鼓励人们成立一个养老基金会。

宋代养老的第四个层次是官府的福利养老。根据北宋末的一项立法:凡五十岁以上的鳏寡孤独老人,可以进入官府在京师及诸路开设的福利院养老。国家给他们的养济标准一般为每人每日一升米、十文钱;对八十岁以上的居养老人,政府还额外补助,另给大米及柴钱;九十岁以上老人每日有酱菜钱二十文,夏天给布衣,冬季给棉衣。宋官府设立的福利院,包括京城的福田院、遍设于各州县的居养院、养济院,收养的对象包括"鳏寡孤独贫乏不得自存者""非鳏寡孤独而癃老废疾、委实贫乏不能自存者"。南宋时期,一些地方官府又修建了"安老坊""安怀坊""安济院",是专门收养孤寡与贫困老人的福利机构。

如果说以前的养老基本上是物质养老,而时下的养老,在物质养老的基础上,更注重于文化养老,即尽可能满足老人的心理需要和精神需求。比如,(台湾)"台北至善老人安养护中心"是一家比较知名的"公办民营"养老院。院中住着四百多不同籍贯和不同方言的老人,为了使这些老人语言相通、人情相近,院中的每位工作人员都能娴熟地说各种方言(如闽南话、粤语等)和普通话,使每位老人都能听到自己最熟悉的语言。考虑到老人喜欢回忆、怀旧,院里搭建起"怀旧隅",几十平方米的房间里摆放着梳妆台、立柜、蒲扇、老唱片等,墙上挂着斗笠、蓑衣,这些东西一下子把老人的感觉带回到二十世纪五六十年代,这些东西会把他们的话匣子打开,他们会滔滔不绝地讲说以前发生的故事,他们因此也觉得自己年轻了许多。总之,养老院的墙运用各种方式丰富老人的生活,让他们的精神有所寄托,减少晚年生活的寂寥。

大陆方面,甘肃省十二届人大常委会审议了《甘肃省老年人权益保障条例(草案)》。草案规定,赡养老人要尊重老年人夫妇共同生活的意愿,不得强行分开赡养。这一点也是挺人性化的举措,并得到法律法规的保障。

捭揽时下莨苡的养老,还是以家庭养老为主体;社会、集体辅助养老(如政府提供广场、公园、老年大学、图书馆等;对老年人乘公交车按年龄段实行免费和半免费,村集体提供文化礼堂或老年活动中心,经济好的村开办免费或半免费老年食堂等);政府、民间开办各种档次的养老院。养老保险、医疗保险几乎全覆盖,基本上落实了中央提出的"老有所养、病有所医"的目标。

阿弥陀佛

二十世纪五十年代,葭沚袾堂(尼庵)有一位师太笃信西方净土,每天坚持念阿弥陀佛一千遍,连吐痰都不敢对着西方(因为痰是污秽之物),并说亲眼见到西方三圣(阿弥陀佛、观世音、大势至)临终迎接她师父归西。

大乘佛教认为,宇宙空间、十方世界都有佛,每位佛都建立自己的佛国,教化众生,阿弥陀佛建的佛国是在我们居住世界的西方,名叫西方极乐世界(或叫西方净土)。

一般都认为,佛教源自印度,阿弥陀佛自然是印度本土的神。但不少学者(尤其是西方学者)都主张阿弥陀佛不是印度本土神,而是来自波斯。如法国的著名梵文学者西尔班·列维(Szlvain Levi)二十世纪初曾到日本龙谷大学讲演,认为阿弥陀佛起源于波斯琐罗亚斯德教的太阳崇拜思想。因为西方为日没的方向,所以将西方视为阿弥陀佛的居处。印度的佛教受到这种思想的影响,产生了阿弥陀佛的佛名及其信仰。伯希和(P. Pellioe)也认为阿弥陀佛和西方净土的思想与伊朗的民族信仰有深厚的渊源,他说:

某些佛理,诸如与无量光明阿弥陀佛及其西方乐土有关的佛理,都深为伊朗思想所渗透。大家亦知道,一批佛经是由住在中国新疆的伊朗人所精心制作的。这有助于解释某些中国词语。这些词语看来是抄自佛教的术语和专名,却是借用了伊朗语的形式传入的。①

日本学者渡边宏照也认为弥陀净土思想不是产生于印度,而是从中亚西亚传入的。他发现北传本中有《无量寿经》《阿弥陀经》等,南传本中便没有这种思想。他断言,此种思想既非原始佛教的,也非印度佛教的。

但大部分学者还是坚持阿弥陀信仰起源于印度本土。寺本婉雅的看法有代表性,他在《根本佛教中的净土教之起源》一文中认为,所谓阿弥陀佛,实际上就是对佛陀的异称,Amita-buddha 的意义是"无限的不死的生命之佛";对阿弥陀佛的崇拜,实际上就是对佛陀本身的崇拜。它反映了部派佛教后期佛陀不断被神化的过程。"Amita"这个词,在释迦家族中常常被用作人名。所以在后代产生佛身论的时候,即根据这种史实。选择了阿弥陀佛这样一个名词,作为崇拜对象的佛名尊号。②

随着后世净土思想之发展,阿弥陀佛又附加了两种属性,一

---

① 转引自《唐前火祆教和摩尼教在中国的遗痕》注 85,《世界宗教研究》1981 年第 3 期。
② 参见澹思:《阿弥陀佛的起源》,《净土思想论集》(一),大乘文化出版社。

是附加成"无量寿"(Amitayus),二是附加成"无量光"(Amitabha)。对此现象,滕田宏达指出:

> Amitayus、Amitabha 实际上都不是指异于释尊的佛,而是以不同于释尊的语词表示的。换言之,这两个名称本是从异于释尊的角度以观的表现,藉此二名称表示的佛可说没有差异。

葭沚民众信仰的是民俗佛教

葭沚民众大部分是信仰佛教的(有些兼信道教和民间信仰),但他们信仰的是民俗佛教,而不是研究佛经、佛理、教义的佛教。所谓民俗佛教,是指以膜拜佛(或菩萨等)像为中心,以求福避祸为目的,以许愿还愿、烧香念佛等为手段的佛教。

民俗佛教具有如下特点:

其一,民俗佛教以佛像膜拜的形式向人们宣传在现实世界之外存在着全智全能的佛、菩萨等,由此形成一系列对人格化、偶像化神的信仰,如在民众中影响极大的阿弥陀佛信仰、观世音菩萨信仰、弥勒佛信仰、地藏王菩萨信仰等,对葭沚佛教信仰的民众来说,他们接受的佛教的课堂是寺庙而不是藏经楼,他们的佛教感情源于对佛护佑的渴求而不是对教义的理解,他们的佛教知识限于佛教故事(尤其感应的故事)而不是对经典的研读。

其二,把难深晦涩的佛教义理简化为易解易记的口头禅,诸如"善有善报,恶有恶报""放下屠刀,立地成佛""心好不用多吃素",等等。

其三,把佛教修行融入日常生活方式。挑水劈柴也是修行;念"阿弥陀佛"就能上西方极乐世界。做一双鞋放在观世音菩萨像前,求男得男,求女得女。书写《金刚经》《法华经》,绘画佛像、菩萨像功德无量。给父母超度、供十王斋是至亲大孝。

其四,把佛教节日活动民俗化。如佛教的"浴佛节""观世音生日""腊八节"等都变成了以寺庙为场所的集市,商品交易、娱乐、美食等民俗活动。

佛教作为一种宗教,必须要有信徒,信徒最多的是下层民众,下层民众的特点是文化层次低,忙于生计。所以他们要求简单、易行、功用、利益,早期佛教民众化运动的主角是职业僧侣中的经师、唱导师、说法师、俗讲僧、邑师、社僧等。他们把抽象晦涩的佛教义理变成直观明了的图画、唱诵、诗歌、故事等,把下层民众吸引过来。唐代,俗讲僧空前活跃,唐帝都长安,敕令规定必须有一月的俗讲时间。唐人赵璘在《因话录》卷四中记载了一个著名的俗讲僧文淑之表现:

> 有文淑僧者,公为聚众谭说,假托经论所言,无非淫秽鄙亵之事。不逞之徒,转相鼓扇扶树;愚夫冶妇,乐闻其说,听者填咽。寺舍瞻礼崇拜,呼为和尚。教坊效其声调,以为歌曲。其盱庶易诱,释徒苟知真理,及文义稍精,亦甚嗤鄙之。近日庸俗,以为系功德使,不惧台省府县,以士流好窥其所为,视衣冠过于仇雠。而淑僧最甚,前后杖背,流在边地数矣。

文淑的事例很能说明俗讲活动对下层民众的吸引力。地方寺院为了招引信徒,每当斋月,即正月、五月、九月,便要进行三次俗讲僧会。在农村田庄,村寺中俗讲僧的说法几乎是唯一的精神食粮,也是难得一遇的可看可听的娱乐活动,在没有娱乐的农村,极其受欢迎。

在北魏时期,由僧尼和在家佛教徒混合组成或仅由在家佛教徒组成所谓义邑(或称邑义、法义、邑会、义会等),此类团体多数以造像活动为中心,在华北地区非常广泛。这类团体大多由某一自然村、某一坊巷的人自然组成,其中大部分人为世俗大众。在义邑中,邑师是发起者和组织者(也可能是名誉首领),是义邑成员的精神领袖,并通过类似于结义的"香火盟誓"把僧众组织起来,指导他们从事造像或其他佛教活动。

南北朝时期,法社特别发达,法社是庐山慧远所开创的,慧远的法社有道俗一百二十余人,法社和义邑对民众化起到了相当大的作用。

葭汭民众喜欢看"花部"的戏

这儿要谈两个问题,一是什么叫"花部",二是戏好看在哪儿。

在明末清初这段时期,以"花部"身份出现的地方戏曲带着浓郁的乡土情调,在中国广阔的地区蓬勃滋生。戏曲的这种转变,体现了封建社会的逐渐解体,资本主义经济因素对社会作用的日益扩展。由此带来了广大群众反抗封建的传统生活道路和伦理道德,追求适合个性发展的新生活的强烈愿望与要求。这种以民间俚曲、歌谣、俗唱演变而来的新兴戏种具有非常旺盛的生命力,深受广大民众喜爱。这些地方戏曲,原则上分别隶属于梆子、皮黄、弦索、乱弹四个剧种群。这四个剧种群,加上旧有的弋阳、昆剧两大系统,基本上包括了现今流传的绝大部分地方戏曲。于是延续了两百年的昆弋之争,在新的历史条件下,演变为"花部"与雅部(昆剧)之争。竞争以徽班进京为乾隆庆寿演出为标志,从此各种地方戏曲获得了平等的权利,中国的戏曲舞台上出现了百花竞艳的局面。

中国戏曲是一种以歌舞为主的综合性的舞台造型艺术。所谓综合性,指戏曲中包含诗歌(句式整齐、韵律协调、节奏鲜明的曲辞)、音乐(唱腔和器乐的伴奏)、舞蹈(台步、水袖、耍翎子以及各种程式化的优美动作)、美术(服装的设计与色调、化妆)、雕塑(舞台上如"亮相""夸将"一类短暂的静止构成的形象)、武术与杂技(虎跳、旋子、台漫、喷火等)多种艺术的有机结合。中国戏曲程式化的动作,曲牌体戏曲或板腔体戏曲中唱法基本固定的曲调,都是西洋歌舞中见不到的。

动作舞蹈化是中国戏曲的艺术特色之一。在中国戏曲中,开门、关门、上马、下楼以及剧中主要人物出场都有一套必须按规定进行的程式化了的动作,如出场时的整冠、理髯、抖袖等,就是台步也常常在强调节奏的同时,带有夸张的色彩,如旦角使用的云步、净角与生角使用的方步、蹉步,武将起霸时使用的"亮靴底"之类,是把生活中的动作艺术化、舞蹈化。戏曲中的动作,每每呈弧度曲线运行,姿态优美,给人以艺术享受。

时间与空间的虚拟也是中国戏曲艺术特色之一。中国戏曲的传统习惯,舞台上没有布景,道具也极为简单。因为古代的艺人,经济上大多贫困,演出时不得不因陋就简。而丰富的智慧,促使他们以写意为方式,创造了时间与空间的虚拟艺术手法。如折子戏《拾玉镯》和《梁山伯与祝英台》的"十八相送"就有大量的时间、空间、人物、道具等虚拟。舞台上愈是简陋贫乏,就愈需要演员以精湛的演技来充实和填补。

角色、行当的固定与分工的细致也是中国戏曲艺术特色之一。从戏曲发展来看,宋金时期仅有末、副末、副净、旦、贴五类,其中副末即打诨戏谑的丑。近代戏曲,行当分工更加细密,如京剧,主要有生、旦、净、丑四行(此外尚有杂、武、流三行);生行中又分老生、武生、小生、红生、娃娃生;旦行中又分青衣、花旦、老旦、武旦、刀马旦;净行中又分正净、架子花、武二花、摔打花、油花;丑行中又分文丑、武丑。老生中,以唱为主的属安工老生,以做为主的属衰派老生,以武打为主的属靠把老生,等等。

唱曲在戏曲表演艺术中有特殊重要的地位。正式戏剧形成的宋元时期,就确立了以咏唱为开展剧情、刻画人物、表现矛盾冲突、传达思想感情的主要手段和法则。即使戏曲发展到倡导"四功五法"("唱、念、做、打"和"手、眼、身、法、步")的近代,咏唱的地位与作用在戏曲表演中仍然不可动摇。戏曲咏唱,不仅讲究发音吐字,要求区辨四声阴阳、尖团清浊,五音四呼("喉、齿、牙、舌、唇"音,"开口、齐齿、合口、撮口"发音时口腔的形状),各类角色还须掌握和运用本行独特的咏唱方法。在此基础上,还继承发展、创造各种流派。

中国戏曲的社会作用至少可概括为下列三点:教育观众认识社会作用。观众通过看戏,批评、讨厌假恶丑,同情、支持真善美。戏曲中的典型人物至今流传在人们嘴边:诸如"三娘教子""方卿姑娘"等。二是传播文化的作用。民间懂"三国""水浒""杨家将""西游记"等故事的人,好多是通过看戏获得的。三是提供艺术享受的娱乐作用。许多人在演唱戏曲唱段、模仿各种戏曲流派唱腔中,获得极大的艺术享受和满足。有人把戏曲的社会作用概括为：戏如人生，人生如戏；戏曲小舞台，人生大智慧。

葭沚民众喜欢看的越剧、乱弹都属于戏曲中的"花部"，即地方民间戏曲。

《两只老虎》是什么歌

在葭沚的幼儿班里、小学里时常听到小儿唱《两只老虎》：

> 两只老虎，两只老虎，
> 跑得快，跑得快。
> 一只没有脑袋，一只没有尾巴，
> 真奇怪，真奇怪。

《两只老虎》原是法国儿歌，名《雅克兄弟》。1926年，北伐军的第四军宣传科长邝鄘为了鼓舞士气、动员民众，用三天时间将《雅克兄弟》重新填词，改名为《国民革命歌》，印发给部队传唱，《国民革命歌》歌词为：

> 打倒列强，打倒列强！
> 除军阀，除军阀！
> 努力国民革命，努力国民革命！
> 齐奋斗，齐奋斗！

打倒列强,打倒列强!

除军阀,除军阀!

国民革命成功,国民革命成功!

齐欢唱,齐欢唱!

此歌面世后,在军内外被广泛传唱。1927年7月1日,因此歌影响巨大,中华民国国民政府宣布,将该歌代国歌。

"七一五"反革命政变的发生,国共合作破裂,共产党独立开展土地革命,又将《国民革命歌》改成了《土地革命歌》。

路队长

现在,家乡城里的小学、幼儿园,孩子上学、放学都要接送,或奶奶、爷爷,或姥姥、姥爷,或爸爸、妈妈。接送的交通工具,或轿车,或摩托车,或三轮车,或自行车,不一而足。一到上学、放学时段,校门口人车混杂,乱作一团,引发交通堵塞,怨声载道。由此,在这个时段,政府不得不派交警在校门口路段对人车进行引导疏通,以维持正常的秩序。

我读小学的年代(二十世纪五十年代),葭沚小学的老师对小学生的按时回家和安全回家也很重视,他们运用"路队长"的组织,较好地解决了这个问题:他们把班级里同学住址全部在葭沚镇地图(是他们自己绘的)上标出,属于同一路的(或就近的)同学编成一路,一路大致五至七人,有男有女,由班主任指定其中一位比较老成的且能大胆负责的同学担任路队长,授给一个印有"路队长"三个字的红袖章。放学时,同一路的同学排好队,由路队长领队,班主任讲注意事项(或总结情况)。路队长佩上红袖章带着同路的一队同学出发,一路上不扰民,不吵架,不靠近河边和危险地方走等,从近到远,到家一个离队一个,路队长最后回家。路队长组织的优点在于把每个同学都有组织地送回家。

或许,有人说,今天能否也采取"路队长"的组织方法缓解家长、车辆接送子女而带来的对城市交通的压力呢?差矣!今非昔比。时下,不管是外部的客观世界还是人们的主观世界,与二十世纪五十年代相比,已发生了翻天覆地的变化,真所谓沧海桑田。穿新鞋走老路已行不通。本文提到"路队长",那是触景生情,纯属回忆、怀旧。

人乏吃猪皮，地贫施猪泥

葭沚民众与猪的关系可从葭沚民众的俗话"人乏吃猪皮，地贫施猪泥"中得到体现。改革开放以前，葭沚民众吃的油基本上是猪油（经济困难时期也吃棉籽油和菜籽油），吃的肉基本上是猪肉。农业队鼓励农民家家户户养猪，猪栏肥保证农田肥料，猪肉保障市场供应。

但绝大多数的葭沚民众恐怕不知道，猪肉成为民众主要肉食那是明清以后的事。直到赵宋年代，猪肉还价贱如泥，富贵人家不屑吃猪肉。苏东坡曾写有《猪肉颂》（公元 1079 年），其中有"黄州好猪肉，价贱如泥土。贵者不肯吃，贫者不解煮"。

人们为什么不肯食猪肉呢？西晋灭亡以后，中国虽先后统一于隋、唐，隋唐的统治者虽为汉人，但早已胡化，胡人因是游牧民族，喜欢牛羊肉。《齐民要术》与《四时纂要》中对养羊的重视程度远超过养猪。中古文献中猪、豕、彘、豚的出现频率也远低于羊。《宋会要辑稿》载，北宋熙宁十年（公元 1077 年），御厨一年使用猪肉 4 131 斤，羊肉 43 万多斤。

中医也认为，"凡肉有补，唯猪肉无补"，"猪肉为用最多，唯肉不宜多食,令人暴肥"。孙思邈指出:"凡猪肉久食,令人少精子,发宿病。豚肉久食,令人遍体筋肉碎痛乏气。"

苏东坡认为,贫民买得起猪肉,但不会烧煮猪肉。所以,他发明"东坡肉"烧煮法。一天,苏轼向朋友们宣传猪肉的美味,他的朋友范祖禹问:"吃猪肉引发风病怎么办?"苏轼风趣地说:"范祖禹诬告猪肉。"

炫　富

杜克大学历史学教授皮特斯可在其著作《牙签》中说：十九世纪八十年代美国高档餐厅开始免费供应牙签后，食客结账出门时都会抓一把牙签，然后拿一枚衔在嘴里，以示刚在餐厅就餐，因为当时能在餐厅就餐是属于富有阶级。

台湾经济学家赖建诚在《经济思想史的趣味》中写道："我年轻的时候看过长辈咬着牙签在马路上走，心想这个人真奇怪，万一跌倒不正好刺入喉咙？我父亲说，这就是因为大战期间大多数人粮食不足，咬着牙签在路上晃悠是在炫耀吃过饭了。"

在葭沚，听长辈讲：某破落户弟子，穷得一无所有，又要面子。偶尔，他得到一条猪皮，舍不得吃，放在饭上蒸了一下，穿根线，挂在门后，出门时，拿肉皮抹一下嘴唇。路上，有人见其唇上油光闪闪，问："又吃肉啦！""是！我就喜欢吃肉！"某弟子得意地说。

今天的炫富与"含牙签""抹肉皮"已不能同日而语。笔者见之于公开报道的炫富略举两例：例一，两富翁斗富，各人拿着大叠的一百元纸币，各自用打火机一张一张地烧，看谁先心疼。例二,某富翁很富,他的儿子在学校上厕所,用一百元的人民币擦屁股,把擦后的钱丢给穷学生,说:"捡啊！捡去洗一下还能用啊！"

如果说"含牙签""抹肉皮"是要面子、虚荣心,属于人之常情,那么烧人民币、用人民币擦屁股则是犯罪,人民币代表国家的尊严。至于叫穷学生捡去洗一下再用,那是污辱人格了,同样涉及伦理和法律。

民俗事象演进

历览洗澡

洗澡,雅称沐浴,包括头、身、手、脚的洗浴。东汉许慎的《说文解字》云:"沐,濯发也;浴,洒身也;洗,洒足也;澡,洒手也。"可见,古人洗人体的不同部位,洗法是不一样的,故使用不同的动词。现代人没有那么大的耐心,或用水从头冲到足,或整个身体泡在水里,统称"淋浴"或洗澡。

现在洗澡,大多用沐浴液。三千多年前的周朝,人们用淘米水洗澡,不过,那时有淘米水不易。据说,淘米水不仅去污,且有保健功能。以至今日,科学家还建议我们用淘米水洗菜。

秦汉时期的公务人员,已形成三日一洗头、五日一沐浴的惯例,官府每五天给一天假,称"休沐假"。今天,我们从《海录碎事·臣职·官僚》中还可以见到"五日一赐休沐,得以归休沐出谒"的文字记载。

赵宋时代的苏东坡喜欢在公共浴室洗澡。他还为此写下两首《如梦令》:

民俗事象演进

其　　一

水垢何曾相爱,细看两俱无有。寄语揩背人,尽日劳君挥肘。轻手,轻手,居士本来无垢。

其　　二

自净方能净彼,我自汗流呵气。寄语澡浴人,具共肉身游戏。但洗,但洗,俯为人间一切。

葭沚民众一般把洗头发、洗脸、洗上身、洗下身、洗手、洗足分开,从头洗到足才叫洗澡。二十世纪五十至七十年代,葭沚人洗一次澡不容易,如果到公共浴室,不仅要花钱(那时浴票一角三分钱一张),还要跑到海门,且交通又不方便。想在家里洗,那时木结构老房子没有专门的卫生间,家里只放木制的便桶、马桶。且能源很紧张,家家买柴烧,煤的配给仅一点点,人们舍不得烧大桶的水洗澡。人们所谓洗澡,就是打一脸盆温水,洗洗脸,再擦擦上身,然后把水倒在脚桶里,再擦擦下身,最后洗足。一盆热水从头洗到足,就叫洗澡。

在老房子洗澡,还受到季节性气温的限制,天凉了、天冷了,就受不了。塑料薄膜普及后,市场上出现了用塑料薄膜做的"吊顶式圆锥形折叠洗澡房":顶上一个环挂在壁上或横杆上,下面展开,成一个圆锥形的空间,里边可放一把小凳,两个脸盆,两个热水壶,既保暖又防风,两热水壶的水够你在里边从头洗到脚了。这种折叠式的洗澡房既经济又实惠,好多家庭使用过。

随着商品房的出现,新造的房子都配有专门的卫生间,里边除了抽水马桶,还装有一只浴缸(或冲水龙头)。随之而来的燃料更新为液化气,壁挂式液化气燃气炉很快普及,这时人们的洗澡才显得方便实在。不久,电热水器又替代了液化气热水器,显得更清洁安全。不少自己造的房子也都效仿商品住房,设有专门的卫生间,安上抽水马桶和电热水器。还有一些老房子通过改装,实现了单独卫生间,安装上抽水马桶和热水器。到此,寻常百姓家的洗澡基本上解决了。

改革开放后,社会上商业性的洗头、洗澡(洗浴)兴起(尤其是洗足),并且越来越豪华,生意也越来越兴隆。这里边的内容太多,也很复杂,涉及社会学、经济学、法学、医学、心理学等,再也说不清楚了。

洗澡的引申义是悔过自省,如"金盆洗手""洗心革面""澡身浴德",等等。

抽烟的文化学意义

在葭沚民众中,抽烟是极其普遍的一种行为,它既是个人癖好,又是社会行为。从自然科学的视角来看,抽烟对人体百害而无一益,"禁止抽烟"的标志遍布公共场所,抽烟的社会空间越来越小。虽然抽烟已被宣判"死刑",但"立即执行"还是做不到的,其主要原因在于抽烟在文化学和社会学意义上仍未"断奶",所以新的烟民被不断"哺育"出来。

从文化发生学考察,抽烟是人类两种生产(物质资料生产和人类自身的生产)的产物,最早出自美洲的印第安土著。人们为求得物质资料,与自然发生关系和能量交换,在这个过程中,人们认识了各种事物,当然也包括了烟草。开始时,人们只是随意地咀嚼这种植物的叶子,久而久之,咀嚼烟叶成癖上瘾。同时,人们在求得自身繁衍生息的过程中慢慢产生了祖先崇拜(在此之前已产生了灵魂不死的观念)。既然祖先的灵魂不死,当人们怀念他的时候,就去祭祀。如果他的祖先生前喜欢嚼烟,后人就要为他的灵魂准备烟草,问题是祖先灵魂如何能得到后人孝敬的烟草呢?只有一个办法,就是把烟草晒干烧给他(就像今天的烧纸钱)。当人们吸到烟草烧起来的烟,觉得比嚼烟草还过瘾,人们就把晒干的烟草卷成卷,点燃抽。这样"嚼烟"就演变为"抽烟"(参看摩尔根的《古代社会》)。十六世纪,欧洲人将烟草作为治疗牙痛、寄生虫病、口臭、破伤风的药物,如英国伊顿公学每天早晨都会让孩子们吸烟以躲避瘟疫。烟草的药用习惯一直延续到二十世纪。

人类最早禁烟的原因来自宗教。1642年1月30日,教皇乌尔班八世颁布了教谕:"令人厌恶的烟草汁液玷污了神圣的教袍,刺鼻呛人的烟味污染了神圣的殿宇。"很快,乌尔班八世发布了将所有吸烟者逐出教会的教令。

1928年,德国化学家W.波塞尔特与L.莱曼首次从烟草中分离出一种有害的活性物质,并将其称为"尼古丁",19世纪中叶,关于烟草的调查和试验更是证明了烟草的危害性;将一只小狗或小猫放进含有300立方英寸空气的空间里,然后将8克烟草燃烧后所产生的烟雾引入其中。一刻钟后,试验对象死亡。

1868年7月11日,早期的民间反烟草组织"反对滥用烟草联盟"在法国成立。《茶花女》的作者小仲马随后也加入这一组织,据说是因为其父大仲马嗜烟如命的习惯让小仲马相当反感。1880年,尼古丁的危害发现后不久,对于香烟过滤的研究也就展开。2003年的《世界卫生组织烟草控制框架公约》颁布后,许多国家相继出台"控烟条例",例如禁止在公共场所抽烟、限制香烟广告、禁止青少年抽烟等。

抽烟有突出的社会学意义。烟有各种档次,标明各种价格,代表各种价值,具有区分社会成员的贵贱、贫富、高低、职业等职能。买、抽低档烟的,当然是低消费的平民、社会地位低下职业者;反之。烟还具有整合人际关系的职能,比如递烟与接烟(包括送礼和一般人际交往),递烟者付出了烟的价值和自己的低姿态(表示有求于你或主动与你交好),表达了尊重的情感。接烟者回馈的往往是对方请求的不同程度的满足(解决问题或解决部分问题),或人际关系的改善(更加信任或重修于好等)。烟还具有形象装饰功能。如果某人常带着(或常抽)"熊猫牌"香烟或软壳"中华牌"香烟,"熊猫牌""中华牌"这些符号就会勾起社会群体中人们对他地位、职业、财富的联想。带烟者(或抽烟者)凭借烟的"品位"赢得情景中人们的称羡和关注。

那些年，我们贴什么画

家庭是社会的细胞，家庭的变化体现了社会的变化。家庭的贴画就从一个侧面反映了社会的政治、经济、文化等方面的变化。

解放初，百姓家没有什么画可贴，只是贴民国时期遗留下来的纸币（我们叫"千张票"，意为"冥钱"）、烟标（俗称"香烟壳"），什么"美女牌""老刀牌"等不一而足。到了五十年代后期，街上才有一些年画，如一个可爱的戴肚兜光腚的孩子坐在大鲤鱼上，还有条幅的戏曲画《梁山伯与祝英台》《七仙女》等。当然，还有毛主席的像，并在像的两边配上"毛主席功高如山，共产党恩深似海"的条幅。五十年代末至六十年代初，书画似稍多，但很多是歌颂"三面红旗"（大跃进、总路线、人民公社）的宣传画。"文化大革命"期间，家里换上了《红灯记》《沙家浜》《红色娘子军》《奇袭白虎团》等故事画。至于毛主席像，人们不敢贴，不是不想贴。不敢贴的原因是，只怕无意间破损了毛主席像。粉碎"四人帮"后，越剧《红楼梦》《碧玉簪》等条幅画首先盛行。随着改革开放，世界名画、中国历代名画等陆续出版，大多以年终挂历、台历等形式出现。

二十世纪末至二十一世纪初,年终的挂历、台历开始泛滥,都是公费的、亲戚送的、朋友送的,或单位发的。但这里边的画大多是本地的画家、书法家的,他们出版书、画集,通过种种关系,利用优厚的回扣手法,求得名利双收。这些挂历、台历人们照收领情而已,很少有人去挂它,当时放一下,很快就被收废纸的按斤论两买走,回流到造纸厂去了。不像以前,人们对《梁山伯与祝英台》《红楼梦》等画,看了又看,对画中的词条,念了又念。

当然,人们对挂历、台历边收边丢的原因,除了它们自身的太多太滥、无收藏价值外,还同人们的住房改善有关,如果人们还是住以前木结构的老房子,那么这些挂历、台历糊板壁是挺好的。

攀阔祖宗

葭沚不少民众也爱攀阔祖宗,你说谁的祖上曾是做官的,他会觉得脸上有光;反之,说谁的祖上是乞丐,也就会感觉灰头土脸。其实,从古以来,中国人都喜欢攀阔祖宗,就拿最开放的唐朝来说吧,人们也都喜欢攀附一个高贵、显赫的名门望族为祖宗,借此来抬高自己的身份。

唐大诗人杜牧在《冬日寄小侄阿宜诗》中为自己有个阔祖宗而十分自豪:"我家公相家,剑佩尝丁当。旧第开朱门,长安城中央。"杜牧有资格这么说,因为他的祖父杜佑曾官至宰相,又是著名的历史文献学家。

而唐朝另一位大诗人李白自称是汉武帝时代的飞将军李广之后;又说自己是西凉武昭王李暠的九世孙,唐朝皇族也自称是李暠之后。李白以为,这样就可以与皇帝攀上了亲。他在诗文中称王室的人为"从祖""从叔""从弟"等,就是这个意思。根据现存的资料可知李白的家庭就是一个普通的商人家庭,既非李广之后,也非李暠的九世孙。

唐代诗人白居易曾写过两篇介绍家世的文章。在《太原白氏家状二道》,文中,白居易自称远祖是战国时楚国的太子建,因为太子建的儿子胜号称"白公",所以后来就取了"白"为姓氏。白居易去世后,其继子白景受请大诗人李商隐为白居易撰写墓志铭,李商隐便毫不客气地说:"公之世先,用谈说闻!"其实,白居易的先祖不是楚国太子,而是西域胡人。曾做过宰相的白居易的堂弟白敏中就曾称自己家是"古姓胡中第六胡",即白居易家族是汉代西域龟兹国人,龟兹后归顺汉朝,汉朝赐龟兹国的百姓以"白"为姓氏。

祠堂与宗谱

二十世纪九十年代以来,由于政策的宽松,各地(尤其是农村)兴起修建祠堂、修补宗谱活动。百姓尤为高兴,都说"盛世修宗谱"。葭沚民众也在这个潮流中赶浪头。

在中国的传说中,《礼记》规定,帝王、诸侯、大夫等各设有不同数目的宗庙进行祭祖活动,而庶人不允许设专门的庙,只能在家里祭祖。直至明朝,宗法制度进一步强化,朝廷才允许庶民建宗祠,《明会典·祭祀通例》中规定:"庶民祭里社、乡厉及祖父母、父母,并得祭灶,余皆禁止。"从此以后,老百姓有了专门祭祖的地方,称为祠堂。祠堂大量涌现的是清代。对于祠堂的功能,清雍正皇帝在《圣谕广训》中说:"立家庙以荐蒸尝,设家塾以课弟子,置义田以赡贫乏,修族谱以联疏远。"家庙即祠堂,它的首要功能就是祭祖先,通过祭祖达到敬宗收族的目的。设家塾、置义田、修族谱都是宗族的任务,这些任务又往往在祠堂或通过祠堂完成。以前,不少地方,一族的私塾学堂就设在祠堂里或附属在祠堂旁。一族的公共义田也通过祠堂进行管理。凡修宗谱,一族之长在祠堂做出决定,选出合适人选,并在祠堂举行一定的仪式,焚香致辞,宣告续修宗谱的开始。

明清两代,朝廷对农村的行政管理实行的是里社制和保甲制,朝廷通过它们征收钱粮赋税,派遣差役,维护治安。离开宗族,保甲制度就成空壳。宗族的族规、族法除了有维护本宗族财权、人权的内容外,绝大部分皆旨在维护封建礼制和社会公共秩序,而且不少族长或族中士绅还担任了保长、甲长。

祠堂的建筑形态多为中国传统的合院式建筑,主要建筑在中轴线上,前为大门,中为享堂,后为寝室,加上左右的廊庑,建成前后两进两天井的建筑组群。其中享堂是举行祭祖仪式的场所,寝室是供奉祖先牌位的地方。

祭祖活动,一般每年两次,在农历二月和八月举行。祭时,在寝室供奉祖宗牌位的神龛前设供桌三张,桌上摆香案烛台,神龛两侧放贡品一猪一羊。祭祀主持人由族中最有威信和财力的人担任,参加祭祀者必须是秀才以上的族人,用钱买得学历的族人也可参加,没有读过书的"白生"只能在老年时才能参加。主持人向神龛上香,率领众族人向列祖神位跪拜、献酒、献食品,由专人念祭文。这过程需前后三次,称为初献、亚献和终献。三献完毕后烧纸钱、撒供品、祭祀族人散去,待到中午再回到祠堂聚餐庆祝。聚餐后,人们还可领取一份礼品(一般为糕点)。

宗族通过主持人的选择、祭祀人的限制,宣扬了长幼有序,鼓励读书的思想。祠堂成了宗族权力的神圣场所,宗族议事、审断族人犯罪等都在祠堂进行。

祠堂还是族人举行各种礼仪活动的场所,如婚丧嫁娶。有的地方，男方娶媳妇，迎入村后，新娘需先入祠堂拜祖，然后才能进男方家门。人死入殓之后，棺木须在祠堂内暂厝，举办丧事后才能安葬。有的老者把寿材（生前准备好的棺木）也放在祠堂内，待死后享用。

但再嫁的寡妇不许入祠堂。过去，祠堂除了以上提到的功能外，还是村民的活动中心和文化传播中心。

修宗谱实际上唐代就已开始，只不过那时是名门望族的举动而已。民间的普及修宗谱是明代以后的事情，清代最盛行。时下的修宗谱，由某一族姓中有威望和有经济实力的人牵头，请几位助手，探清本族的基本分布，不仅跨县、跨市，有的还跨省。几处的主持人商定修谱主持人、经费开支、出版（印刷）事宜。直到宗谱印成后，在宗族的某中心地（其他地方派代表参加）举行仪式，发布本族宗谱。现在修宗谱与以前最大的不同是，入谱的观念发生了根本性的变化，实行了男女平等、职业平等，完全按照《宪法》和各种法律条文行事。

淫　祠

"楚地多巫风,江南多淫祀。"葭沚民众中就盛行淫祀习俗。淫祀的场所就是庙、堂、阁等,统称淫祀(淫祠)。葭沚原来有五圣庙、本保庙、杨府庙、关帝庙、文昌阁等供民众祭祀。事关读书人功名禄位,就到文昌阁去祭祀。因为文昌阁里供奉的是文昌帝君的像,他主人间功名禄位。比如,今人祈求高考中榜、官场升迁等文运之事,应到文昌阁去祭祀。事关驱邪避恶、除灾治病,可到关帝庙祭祀。明神宗加封关羽为"协天护国忠义帝""三界伏魔大帝,神威远镇天尊关圣帝君",老百姓称之为"武圣人"。其他以此类推。

中国古代的祭祀制度十分严格,《礼记·曲礼下》中规定:

> 天子祭天地,祭四方,祭山川,祭五祀,岁遍。诸侯方祀,祭山川,祭五祀,岁遍。大夫祭五祀,岁遍。士祭其先……非其所祭而祭之,名曰淫祀。淫祀无福。

这就是说,祭天地是皇帝天子的特权,诸侯、大夫、士都无权祭天地。士只能祭自己的祖先。但在民间,似乎没有限制,无论天地、山川,还是四方、五祀,只要百姓需要,都可以创造出相应的神进行祭祀。换言之,即老百姓可以随时去祭天、祭地及祭各种自己需要的神。所以民间祭祀"相公""娘娘""大帝"等特别普遍。淫祀的"淫"就是"滥"的意思。

宋代(尤其是南宋)对台州的文化影响很大,当然也包括淫祀(祠)。赵宋时外患内忧,统治阶级想借助神灵帮助其统治,稳定人心。赵宋时代,各种神灵之多,达到了泛滥程度。从文化角度,我们可把它分为上层文化和下层文化。上层文化以天地、宗庙、社稷、五岳等神祇为代表,比较抽象,其意义主要在于政治,是官方之神;下层文化以行业神、淫祠、土地、灶神等为代表,比较具体,也最有典型意义,主要是民间之神,对社会生活习俗的影响更大。

宋时敬神活动多得惊人,《宋史·韩驹传》说:"国家祠事,岁一百十有八。"就是说,一年中平均三天就有一次国家级的祀神活动。还常下令各地普遍祭祷众祠,正经颁发有《蜥蜴祈雨法》《宰鹅祈雨法》《土牛经》之类的祀仪文件以指导地方的敬神活动。

宋时最隆重的是祭天之礼,除了泰山封禅,还有三年一次的郊祀,即皇帝主持的南郊祭天大礼。

祭社稷,"封土立社",以示对土地的尊重,"稷"是五谷之长,"故立稷而祭之也"。社稷祭祀,立坛而不庙。宋代的社坛之主由以前的"以土为主"改为"以石为主",原因是"取其坚久"。社稷坛一年分春秋两次祭祀,自京师至州县皆设之,京师分设太社、太稷坛,州县则社稷合祭,由地方长官亲临主持。

祭山水之神,山神的代表是五岳之神,五岳中以泰山神为最尊贵,是生命之神。其他四岳在本境内立庙祭祀,唯东岳庙遍布全国各地。宋朝对五岳神封以帝号,谓之"帝神",祭祀由官方举行,一年一次,一般由当地县令兼庙令,县尉兼庙丞,庙宇也由官方修建。

水神的代表是四渎神庙,即与五岳对称的长江神、黄河神、淮河神、济河神。其中以长江神为最尊。

城隍神,城隍庙,虽始于西汉,但唐以前城隍庙并不多见。到了宋代,大为兴盛,"其祠几遍天下"。城隍是守护一城的神祇,州县皆立其庙。州治所在县,可有双重城隍庙,各司其职。地方官对诸神之祠的祭祀,以城隍庙最隆重。各城隍庙都有朝廷的封爵,最高者是王位。其神都由真实历史人物比附。

圣贤之神,即历代圣帝明王、忠臣烈士等贤能有功德而祠者。一般而言,五种人可立祠,即"施于民,一也;以死勤事,二也;以劳定国,三也;能捍大患,四也;能御大灾,五也。五有一于此,则载之祀典"(《高东溪集·东馆庙记》)。

上述诸神是官方的象征。下层文化的神,主要以行业神、土地、灶神和淫祠等为代表。几乎各行各业都有自己的保护神,农耕有农神、养蚕有蚕神、经商有商神、手工业的木工祠鲁班、纸工祠蔡伦等。

淫祠,即民间自建而不被列入《祠典》者,也即非正统者。淫祠种类极多,内容怪异。如浙江祠"五通",江西闽中祠"木下三郎"。在江南比较普遍的淫祠还有香神、司徒神、仙帝等(仙帝名位则有柴帝、郭帝、石帝、刘帝之号,即五代后周、后晋、后汉之帝)。东京有妲己祠,不知为何理。一些偏僻落后地区还祠"妖神""邪神"。眉州青神县"道侧有一小佛屋,俗谓之猪母佛,云百年前有牝猪于此,化为泉,有二鲤在泉中,云盖猪龙也。蜀人谓牝猪为母,而立佛堂其上,故以名之"(《东坡志林》)。有些淫祠很荒谬,如以冉伯牛为牛王,以杜拾遗(杜甫)为女性土地神杜十姨,以伍子胥为五撮须等。

神祠对社会的影响既有积极的,也有消极的。前者,如对行业神的崇拜,起着鼓励、指导作用,有利于生产的发展(如农神、蚕神、行业神)。有些淫祠之神,还左右民间经济生活,如"南康建昌县民家,事紫姑神甚灵,每告以先事之利。或云下江茶贵,可贩;或云某处乏米,可载以往。必如其言获厚利"(《夷坚甲志·碧澜堂》)。又如临川百姓吴二,供奉五通神,"凡财货之出入亏赢,(神)必先阴告"(《夷坚丁志·吴二孝感》)。后者,毒害人民,宋代的南方还盛行杀人祭祀(《墨客挥犀》)。

时下虽是高科技社会,高等教育也已大众化,但是人们还在不断地造神,民众的淫祀有增无减,台湾就是一例。据《看天下》第 26 期廖信忠介绍,新竹清大夜市中的天宏宫,本来供奉圣极瑶池金母大天尊。从 1991 年开始,在一楼供奉了"中华民族忠灵及先烈"牌位与孙中山、蒋介石的铜像,故天宏宫又称蒋公庙。另在高雄旗津的大陈新村也有蒋公庙。1955 年,国民党败退大陈岛,一万八千多名大陈人随之来到台湾,当年称之为"大陈义胞",大陈新村有两所蒋介石的庙:蒋公感恩堂与蒋公报恩观,两庙相距不到四百米。台北新店的"无天禅寺",供奉的是台湾第一位银行抢劫犯李师科,老兵李师科抢银行,代表了对社会的强烈控诉,是具有时代意义的"义盗"。如今,很多赌徒会来这里跪拜,还有人在实施抢劫之前会来这儿膜拜。

现在,政府把淫祀归入民间信仰。对于那些影响特别大的,且有文化传承意义的,政府予以认可。据2015年浙江卫视"浙江新闻联播"称,省政府认可了浙江三处民间信仰地。

十三点及其他

数字本身不具有任何感情色彩,但一旦进入风俗习惯,便被人们赋予了褒或贬、吉或凶的感情色彩。葭沚民众口头中的"十三点"和"二百五"就是例证。

葭沚民众把那种傻里傻气、不明事理、脑子一根筋的人称为"十三点"。关于"十三点"的来历:一种认为是源自汉字"痴",因为"痴"字的笔画为十三笔;一种观点认为与数字"十二"有关。在中国传统文化中,"十二"是象征完美、圆满的数字,古人视之为"天之大数"。《左传·哀公七年》云:"周之王也,制礼上物,不过十二,以为天之大数也。"既立十二为正常,则十三为反常。

进入二十一世纪,葭沚年轻人中又流行"二百五"说法。《现代汉语词典》对这一词条的解释是:讥讽有些傻气、做事莽撞的人。关于"二百五"的来源,民间传说不一。陕西关中地区流传的故事比较有历史厚重感:传说战国时期,身挂六国相印的苏秦被人杀了,齐王发誓要为其报仇,为了抓到凶犯,于是定出妙计,在城门口张榜,说苏秦是内奸,杀了他的人是为国除害,当赏金千两,望除奸者速来领赏。果然,有四个人一齐来领赏,自称共同杀了苏秦。齐王非常严厉地说:黄金千两可不是小事,你们可不能冒充啊!否则,除取回黄金,还罪加一等。四人一口咬定是自己干的,把杀人的动机、现场、工具交代得一清二楚。齐王又问:那一千两黄金你们四人怎么分?四人同声说:"一人二百五"。齐王大怒,叫道:"来人,把这四个'二百五'推出去斩了!"于是,民间便用"二百五"指代那种傻乎乎的人。

也有人说,清代的银子都为五百两为一封,二百五两是半封,半封与"半疯"是谐音,于是,二百五就成了那种神经不正常、脑子有毛病、做事不靠谱之人的代名词。

在葭沚民众中还流行与"十三点""二百五"同义的口头禅,叫"二六八",但说法来源不明。

雁过留声，人过留迹

时下是网络时代，信息的传播之快、之广，比中国古典小说《封神榜》还要"封神榜"。发生什么事，你用手机拍个照，或发个帖，晒到网上，立即传遍世界。前几年，一般的年轻人都申请QQ号、Email信箱，现在多改用4G微信，看东西、买东西、卖东西、发表东西，一扫即可。

那么古人又是如何发表作品的呢？古人将自己的作品题于楼台、酒肆、寺庙、名胜等公共场所的墙壁上，以供人欣赏。如孟浩然说的"染翰聊题壁，倾壶一解酒"。崔颢的那首千古绝篇《黄鹤楼》（"昔人已乘黄鹤去，此地空余黄鹤楼。黄鹤一去不复返，白云千载空悠悠。晴川历历汉阳树，芳草萋萋鹦鹉洲。日暮乡关何处是？烟波江上使人愁。"）就是题写在黄鹤楼壁上的。李白也有《登金陵凤凰台》（"凤凰台上凤凰游，凤去台空江自流。吴宫花草埋幽径，晋代衣冠成古丘。三山半落青天外，二水中分白鹭洲。总为浮云能蔽日，长安不见使人愁。"）题于南京凤凰台。壁题不一定受欢迎，苏东坡有诗云："平生好诗仍好画，书墙涴壁常遭骂。"此外，还有题红叶、题扇等。

投献，也是一种古人为自己作品找到出路的一种方式，即将自己得意之作投诸社会名流乃至皇帝老爷。历史上此举最成功的要算左思的《三都赋》。左思费数年心血写出《三都赋》，先投于张华，后又得皇甫谧作序，名声大震，一时"洛阳纸贵"。

赠答，又是常见的一种"发表"。赠答是指诗文互相赠送酬谢。在唐宋诗中，赠答最为常见，如李白的《赠孟浩然》《赠汪伦》《答王十二寒夜独酌有怀》；韩愈有《答张十一》，等等。由于有了这种风气的盛行，有些诗人因此也背上了"诗债"。如黄庭坚就有"传语濠州贤刺史，隔年诗债几时还"的感慨。

人生如过路之客，富贵如飘忽浮云，如何让后人想起你，记着你，古代贤圣早已思考过这个问题。他们认为，人生有三个不朽：立德、立言、立业。一个人只要能做到其中一项，人生就不会随肉体腐朽（详见《左传》）。

清代，官场上退下的人，三件事必做：做一顶像样的轿子，刻印一本诗集（或文集），娶一个体面的小老婆。其中的"刻印一本诗集"，从他们的主观愿望而言，也算是"立言"吧！

这几年，葭沚一些干部离退下来，多出版自传或文集，说是"给人生画上一个句号""留作人生纪念"等。从主观愿望上看，仍有"立言"的意思，或用通俗的话说：雁过留声，人过留迹。

如今，繁荣的媒体平台激起人们的表达欲望，每个人都害怕被冷落，都在拼命地讲述自己的故事。

"走狗"说

"走狗"是比喻受人豢养而帮助主人作恶的人。葭沚民众也沿用这个习俗。

但古时候,走狗指的是敬重主人,为主人奔走效劳的"良犬"。晋人傅玄著有《走狗赋》:"盖轻迅者莫如鹰,猛捷者莫如虎。惟良犬之禀性,兼二俊之劲武。"当年韩信临终前哀叹自己"狡兔死,走狗烹",说自己是"走狗",是夸自己能干。

"走狗"一词走向贬义,应为宋元以后的事。现当代人笔下的"走狗"一词,一般多为贬义,影响最广的是鲁迅的《丧家的资本家的乏走狗》。但也有极少数人不用作贬义,如画家齐白石有诗曰:

青藤雪个远凡胎,缶老衰年别有才;
我愿九泉为走狗,三家门下轮转来。

诗中的青藤指徐渭,雪个指朱耷,缶老指吴昌硕。

酒缸饭桶

莨泹民众骂那些只知道吃喝、对社会没用的人为"酒缸饭桶"。这一类人古已有之,否则古人就没有"酒囊饭袋"这个词了。苏东坡《志林》里有《措大吃饭》一文,讲两个公务人员在一起互谈志向:一个说:"假如我以后得志,就要吃了就睡,睡醒了再吃。"另一个说:"我的志向和你不一样,我假如能得志,吃了又吃,吃了再吃,为了美食哪还顾得上睡觉!"苏东坡笔下的公务人员,用今天的话说,就是"一等官,送着吃;二等官,寻着吃;三等官,要着吃"。反正不是吃自己的钱,不吃白不吃,吃!狂吃!疯吃!"措大"一词是唐宋俗语,即今天的"饭桶"。

这些人,除了吃,还要喝。喝,当然是各种各样的酒。有关部门做过测算,中国人一年喝掉的酒相当于喝掉一个杭州西湖的容量,即1 417万立方米。听起来好像不太相信,认为是夸大的说法。但我信,饭局上,有些酒囊喝啤酒,不是用杯喝,而是用脸盆喝,一场饭局下来,可以喝掉一箱啤酒。如果接下来还有饭局,他到洗手间把手指伸进喉咙抓一下,把酒菜吐光,又像没吃过喝过一样,继续应付。喝酒要营造氛围,总不能喝闷酒。朋友之间喝酒常见猜拳(划拳)助兴,原来的"独占鳌头""连中三元"等传统的吉利话早已过时,各行各业都有自己的一套,官场有官场的,生意场有生意场的。有从一到十用外文,如用日语,叫"日本拳"等。

时下有句口号,叫"接待也是生产力",或"关系决定成败"。上边下来的检查、升格验收、项目的审批等,都不是划拳能解决的问题,必须要有形象俊美、能说会道的人劝酒,酒下去好说话,酒后吐真言,酒后会批示。为了接近与对方的距离,就劝"宁可伤身体也不愿伤感情""感情深,不怕打吊针""哥俩铁,不怕胃出血"。如此种种,说得对方不好意思,豪饮方休。酒一下肚,话就多了,事情也就好办了。

劝酒也不是今人才有,而是源远流长,古代诗经《小雅·楚茨》里就有"以为酒食,以享以祀,以妥以侑,以介景福"的诗句。其中的"侑"字就是今天"劝"的意思。劝客人、友人多饮几杯,"劝君更进一杯酒,西出阳关无故人",表达了敬酒人的真诚;"白发渔樵江渚上,惯看秋月春风。一壶浊酒喜相逢"表达了友人间的共同志向。而今天的劝酒渐失"真诚""励志"等元素,功利性目的居多。

民俗事象演进

吃素与素食

吃素,一般是指某些人信仰某种宗教,出于戒律限制,不能吃荤,否则就要遭到处罚,是强制性的。

素食,是人们出于自身的喜好或条件的限制而不吃荤。近些年,体检成了年检,不少人体检报告上出现"三高"(高血压、高血糖、高血脂)。"三高"人群咨询医生,医生常回答吃得少一点,吃得素一点,因此,有些人就采纳素食。

素食也不是今天才有,而是古已有之,只不过是以前受条件限制,吃不起荤食。战国时期,"七十者可以食肉"。《孟子·梁惠王上》说:"五十亩之宅,树之以桑,五十者可以衣帛矣。鸡豚狗彘之畜,无失其时,七十者可以食肉矣。"明代,洪应明的《菜根谭》说"咬得菜根者,则百事可为"。这并非提倡素食,而是倡导修身,认为今天的嚼菜根是为了明天的"人上人"。明代才子唐寅写过《爱菜词》,提倡素食:"但愿人人知此味,此味安能别苍生?我爱菜,人爱肉;肉多不入贤人腹。厨中有碗黄齑粥,三生自有清闲福。"

素食利弊,从个体讲,因人而异。从总体讲,弊大于利。尽管《曹刿论战》中说:"肉食者鄙,未能远谋。""肉食者鄙",并不是"食肉成鄙",而是说统治阶级的阶级偏见使他失去远见,所以鄙。今天,我们比喻不能小看某某人,常说"某某人不是吃素的",这句话能让人心里一沉。现实中,非素食者比素食者往往拥有更多的财富、更大的权力和更高的地位,这是一个谁也绕不开的事实。

葭沚民众把吃素与修行连在一起,有句口头禅叫"心好勿用多吃素"。认为心净,行为自然净,世界也因此净。

图书在版编目(CIP)数据

民俗文化论：葭沚民俗事象解读 / 文海著 . — 上海：上海社会科学院出版社，2022
ISBN 978 - 7 - 5520 - 3847 - 7

Ⅰ.①民… Ⅱ.①文… Ⅲ.①风俗习惯—研究—台州 Ⅳ.①K892.455.3

中国版本图书馆 CIP 数据核字(2022)第 145326 号

民俗文化论——葭沚民俗事象解读

著　　者	文　海
责任编辑	董汉玲
封面设计	裘幼华
出版发行	上海社会科学院出版社
	上海顺昌路 622 号　邮编 200025
	电话总机 021 - 63315947　销售热线 021 - 53063735
	http://www.sassp.cn　E-mail: sassp@sassp.cn
排　　版	南京展望文化发展有限公司
印　　刷	上海颛辉印刷厂有限公司
开　　本	890 毫米×1240 毫米　1/32
印　　张	7.75
插　　页	2
字　　数	160 千
版　　次	2022 年 9 月第 1 版　2022 年 9 月第 1 次印刷

ISBN 978 - 7 - 5520 - 3847 - 7/K·660　　　　定价：58.00 元

版权所有　翻印必究